Geliebte Serviette!

Nicole Diercks

# Geliebte Serviette!

Geheimwissen zur Servietten-Technik

**Bibliografische Information der Deutschen Nationalbibliothek:**
Die Deutsche Nationalbibliothek verzeichnet diese Publikation
in der Deutschen Nationalbibliografie; detaillierte bibliografische
Daten sind im Internet über http://dnb.dnb.de abrufbar.

© 2014 Nicole Diercks
Satz, Umschlaggestaltung, Herstellung und Verlag:
BoD – Books on Demand

ISBN: 978-3-7357-8651-7

# Inhalt

| | |
|---|---|
| Erklärende Worte | 7 |
| Serviette goes Deko | 11 |
| Servietten-Streams | 13 |
| Eine kleine Einführung in die Servietten-Kunst | 16 |
| Was ein Servietten-Techniker für sein Meisterwerk benötigt | 18 |
| Einkauf, Rauschkauf, Fehlkauf … | 20 |
| Das Leben mit einem Servietten-Muskel | 33 |
| Die Arbeit beginnt … | 37 |
| Lappenklatschen | 39 |
| Ausschneiden | 42 |
| Der Untergrund | 45 |
| Anlegen | 49 |
| Arbeiten auf Porzellan und Glas | 52 |
| Erste Hilfe | 57 |
| Knapp daneben ist auch vorbei | 69 |
| Dies und Das | 72 |
| Glossar | 80 |

# Erklärende Worte

Dieses Werk ist eine Mischung aus Liebeserklärung, Arbeitshandbuch und Ratgeber. Eine Zusammenstellung, die wahrscheinlich so sonderbar und exquisit anmutet, wie „Steinpilz-Carpaccio an geeister, mit rosa Pfeffer gebeizter, Mango" … Sei es drum, da muss man jetzt einfach drüberstehen! Der Duktus ist humorvoll und teilweise schon fast komödiantisch affektiert. Na, klar: Wir wollen doch Spaß und Erfolg haben hier! Man kann es lesen, um sich einfach zu amüsieren. Aber der heitere Tonfall täuscht nicht darüber hinweg, dass zwischen den Zeilen echtes Futter für diese Kunstrichtung steckt! Ich berichte von Erfahrungen und versuche dabei uns Verrückte (und auch andere Verrückte) wohlmeinend auf die Schippe zu nehmen.

Das Büchlein entstand fast ausversehen, so ein bisschen nebenbei, einfach weil ich plötzlich bemerkte, wie viel man über die Kunst der Servietten-Technik eigentlich lernen und vermitteln kann. Sie hat eine schlechte Lobby und in gewissen Kreisen (zumeist sind das Leute, die keine Ahnung haben, wovon sie eigentlich reden) wird sie verlacht, schlechtgeredet und richtig abfällig betrachtet. „Pah, hör mir auf mit der Tanten-Technik!", hört man sie schnappen. Ich dagegen habe etwas ganz anderes festgestellt, nämlich dass Menschen (zumeist wohl weiblichen Geschlechts), die mit der Servietten-Technik beginnen, schnell infiziert, entflammt und dann vor lauter Begeisterung sogar völlig bescheuert reagieren können …! Darum regte sich in mir der Wunsch, Ihnen zu helfen immer besser und perfekter (und verrückter) werden zu können! Ich hatte den Wunsch Ihnen zu helfen, mit auftauchenden Widrigkeiten leichter

umgehen zu lernen. Kurz: Mein Werk macht aus einem „Normalo" einen „Servietten-Techniker" …!
Wer nämlich erst einmal die vielfachen Möglichkeiten verstanden hat, die sich durch das ernst gemeinte Arbeiten mit bedruckten Zellstoffservietten offenbaren, neigt oft leider zum Ausflippen. Das sieht alles so schnell so dermaßen klasse aus! ☺ Man gerät direkt in ein tantrisch anmutendes Versenkungs-Stadium, wenn man sich mit dieser Technik intensiv beschäftigt und nicht bloß stumpf auf irgendwelche Keilrahmen „Lappen klatscht". Und wenn man dann jeweils auch noch überlegt, wie viel Verschönerungs-Potenzial in so einer Packung Servietten für maximal vier Euro steckt! Da stockt einem manchmal richtiggehend der Atem: Spaß mit Kunst, man kann es super teilen – und dabei ist es dann auch noch so billig! Da kann man schon auch mal etwas ausklinken vor Freude …

Ich beschreibe hier meine zaghaften (und oft nicht sehr sportlichen) Anfänge und diskutiere die zweifelhaften Ergebnisse von Tanten und Faulpelzchen. Dann arbeite ich mich bis zur professionellen Handhabung dieser kostbaren Zellstoffe auf allen möglichen Untergründen vor. Das bedeutet: „Servietten-Technik, extrem"! Wir erleben, wie der „Servietten-Muskel" uns vor weiteren Rausch- und Fehlkäufen zu bewahren versucht. Und wir lernen die üblichen Jagdgründe für bedruckten Zellstoff kennen. Nach einem Exkurs durch alle möglichen Pannen und deren möglicher Verhütung, machen wir noch einen Ausflug durch etwas besondere Projekte. Da staunt der Laie und selbst der Fachmann wundert sich noch!

Gleichermaßen an gänzlich unverbildete, oder an schon vom Servietten-Virus befallene Leser, richtet sich mein angehängtes **Glossar mit Begriffserklärungen**. Manch einer wird hier die Augenbrauen hochziehen und sich auf die Schulter klopfen, dass er wenigstens *davon* mal verschont geblieben ist. Die Anderen (also: wir!) werden sich wohl johlend auf die Schenkel klopfen und sich gegenseitig die treffendsten Passagen vorlesen …

Gerne hätte ich das Büchlein für Euch mit vielen aussagekräftigen Fotos illustriert. Doch im Zusammenhang mit dem Mediengesetz, dem Internet und dem Copyright©, habe ich vorsorglich darauf verzichtet. Ich hätte mir nun natürlich die Mühe machen können wegen jeder fotografisch festgehaltenen Serviette mit dem Hersteller zu konferieren. Ich müsste Rechtsfragen einer möglichen Verwendung klären, denn es besteht ja die Möglichkeit, dass meine Arbeit sich nicht mit deren Marketingstrategie deckt. Ich müsste dazu im Einzelfall mit jedem Hersteller klären, ob diese Serviette, auf diesem Objekt, in diesem Zustand, in dieser Qualität, mit diesem Foto, in einem bestimmten Zusammenhang verwendet werden darf und was dabei zu berücksichtigen ist. Da ich mit einem veröffentlichten Buch rechtlich „Gewinnabsichten" verfolge (im Gegensatz zu sogenannter „Liebhaberei"), könnte ich meine Chancen hierzu mittels der Fotos fremder Produkte ausbauen. Entweder möchte der Inhaber der Produkte nun auch gerne etwas daran mitverdienen, oder das ganze Thema ist ihm sowieso egal. Schon nach dem Lesen dieser Erklärungen wird schnell klar: Das muss doch alles nicht sein für etwas, dass eigentlich nur „nice to have" ist! Wie auch immer: Nehmt das Büchlein leicht, aber ernst – und benutzt Eure erhabene Fantasie (den kleinen Bildschirm in Eurem Köpfchen). Ansonsten noch ein kleiner Rat: Habt keine Scheu vor einem gewissen Perfektionismus! Gute und erfolgreiche Arbeit lohnt sich immer …

## Serviette goes Deko

Eine Serviette zu lieben oder auch Servietten ganz allgemein zu vergöttern, kann normalen Menschen schon auch tendenziell etwas seltsam vorkommen, zugegeben! Eine Serviette ist für die meisten Menschen nur eine (hoffentlich aus Papier und nicht aus Damast bestehende) Hilfe, um den Schoß beim Mampfen vor Versprengten zu schützen. Oder auch, um sich das Schlabbermäulchen und die Fettfingerchen abzuwischen. Mancher begeht sogar die (im 17. Jh. kulturell und gesellschaftlich als verfemt getadelte) Missetat, sich den triefenden Rüssel damit zu putzen. Pfui, Spinne?! Die erste Serviette entstammte den Spartanern und bestand aus einem Stück geschnittenen Brot. Im 15. Jahrhundert wurde die Serviette dann erst gesellschaftlich entdeckt, und man trug sie bei Hofe vorschriftsmäßig entweder über der Schulter oder dem linken Arm. Lange war sie aus Damast und gestärkter Baumwolle, dann griff die Neuzeit durch und beschenkte uns mit der praktischen Einwegserviette aus Zellstoff …

Eine Papierserviette, so wissen die meisten Esser in diesen Breiten, ist meistens bunt, recht hübsch anzusehen, sie passt zur Tischdeko, zur Jahreszeit und oft auch zum Anlass. Diese Vielfältigkeit verdankt sie einem regelrechten Servietten-Trend, der die westliche Welt in den letzten Jahren erfasst hat. Dieser macht sie sowohl zu einem Deko-Element, wie auch zu einem beliebten Mitbringsel. Ein Paket Servietten ist nicht sehr kostenintensiv, muss als Geschenk nicht 100%-ig passen, lässt sich gut kombinieren, verbraucht sich unangestrengt und ist dann irgendwann auch wieder weg …

„Gott sei Dank!" möchte man dazu vielleicht auch ab und zu mal bemerken. Denn so manches Stück bleibt leider nur durch seine denkwürdige Geschmacklosigkeit noch länger in Erinnerung …

# Servietten-Streams

Wie jeder Trend durchläuft auch mittlerweile die Papierserviette jährliche Modewellen. Zunächst ist da der <u>Saison-Stream</u>. Mit diesem arbeitet man sich durch die Jahreszeiten, und in jedem guten Servietten-Sortiment schlägt das Angebot ca. vier bis sechsmal komplett während eines Jahres um. Ab Mitte Februar hoppeln somit auf den meisten Servietten hässliche Häschen um Ostereier und komische Küken um Forsythien. Die immer gleichen Motive der unverwüstlichen „Osterhasenschule" begegnen uns nun in wirklich allen Drogeriemärkten. Die Langohren machen dann Mitte April den Veilchen, Pusteblumen, Olivenbäumen und Hortensien Platz. Merke: Rosen haben *immer* Saison! Dann beginnen sich auch ab Juli schon wieder die üblichen Leuchttürme, Fische, Seeigel, Muscheln, Segelboote und Meeresküsten unter die ganze Flora zu mischen … Diese werden aber bereits ab September von buntem Herbstlaub, Astern, Kastanien, Punschgläsern, Pilzen und Äpfeln abgedrängt … Und schon grinst uns dann ab Anfang November der erste beknackte Weihnachtsmann an! Im Gefolge: Zapfen, Schneemänner, Rot-Grün-Gold, Misteln und Kekse. Dazu stets: Kugeln, Tannenbäume, Kerzen und grenzdebil glotzende Heerscharen grottenhässlicher Engel und verfetteter Putti … Frohes Fest.

Dann gibt es seit einigen Jahren auch noch durch die Jahreszeiten mitlaufende <u>Mode-Streams</u>, denen so ziemlich *alle* Hersteller von Papierservietten früher oder später aufsitzen. Dieser Umstand macht das allgemeine Sortiment im Verlauf einer Servietten-Dekade dann leider ziemlich ausgeleiert.

Die Trends der letzten drei Jahre habe ich aktiv miterlebt, hier ein kleiner humoristischer Querschnitt!
**2012** waren es zum Beispiel **Eulen**. Es gab sie, zumeist in schrägen Farben und mit kreativen Mustern bedruckt, nach Art von Comic-Figuren in vielen Varianten. Einige von ihnen guckten leider dann ziemlich drogensüchtig, was sie für die Kunst unbrauchbar werden ließ. Im Winter begannen die vollgekifften Eulen schließlich Weihnachtsmann-Mützchen zu tragen, bis sich der Trend dann langsam etwas totgelaufen hatte. Die meisten Ströme tröpfeln allerdings, wie auch in der Mode, dann noch etwas nach. Und so gibt es bis heute immer wieder mal Entsprungene aus dem Metadon-Programm für Waldvögel …

Das Serviettenjahr **2013** stand ganz und gar im Zeichen der **Postkarte**. Alle Drucke, die etwas auf sich hielten, boten den (unbedingt geschnörkelten!) Schriftzug „Postcard" auf, der zwingend mit mehr oder weniger gekonnt gefälschten Poststempeln und Entwertungszeichen garniert sein musste! Unverzichtbar waren hier: Briefmarke (unbedingt abgestempelt!) und Schmetterling (leider auch in der Variante: „Aus Genlabor entfleuchte Motte"). Beliebt war die Variante: „Postcard" mit Schmetterling, Singvogel, Adresszeilen (geschnörkelt!) und Blütenast. Das Ganze komischerweise dann auch einige Male in geschmacklosester Farbzusammenstellung, die irgendwie auf Krampf nostalgisch wirken wollte. Und überall, in wirklich allen Varianten: „Postcard", Rose, Briefmarke und Schmetterling!

Das Serviettenjahr **2014** stand noch immer im Bann der Nostalgie. Der absolute Renner waren der Schriftzug **„Paris"**, Caféhaus-Szenen und der **Eiffelturm** in allen Varianten.

Oft ist er momentan in einem ovalen Bilderrahmen zu bewundern, mit zwei bauschigen Rosen (rosa!) und ebenso bauschigen Schleifen (pink!) zu seinen Füßen. Einige koppelten sogar Paris, Eiffelturm und die Postcard mit allen Schikanen … Ich bin schon heute gespannt, ob ab November der Eiffelturm wohl ein Weihnachtsmann-Mützchen tragen wird …?

Außerdem ist dieses Jahr ein sprunghaftes Aufkommen von Vogelhäuschen (mit und ohne Mieter) zu beobachten. Man findet sie als Foto, aber genauso auch als Zeichnung, dann zumeist mit Rotkehlchen oder Blaumeisen bevölkert. Auch schon öfter gesichtet wurden dieser Tage ganze Vogelhäuschen-Kolonien als Comic-Zeichnung, und zwar zumeist in der venezianischen Version: auf hohen Stangen …

## Eine kleine Einführung in die Servietten-Kunst

Und warum tupfen, wischen und schneuzen vollkommen unaufgeregt die Einen im Angesicht der Zellstoffserviette, während die Anderen betend auf die Knie fallen und in Zungen zu reden beginnen …?! Die Erstgenannten sind die sogenannten „Tupfer und Wischer". Diese gehören zu der größten menschlichen Bevölkerungsgruppe derer, die das in Servietten innewohnende, riesige künstlerische Potenzial nicht zu erkennen in der Lage sind. Sie haben noch niemals von der Servietten-Technik gehört, wie die andere Gruppe, die sich „Servietten-Techniker" nennt. Wer die fast unermesslichen Dimensionen der Servietten-Technik kennt, verliert seinen Blick auf die Papierserviette an sich und erkennt nur noch einen faszinierenden Kosmos an Ausdrucks- und Gestaltungsmöglichkeiten! Man könnte auch kurz zusammengefasst sagen: Er spielt oft einfach mal wieder völlig verrückt. Aber soweit wollen wir ja (noch) nicht gehen. Oder …? Oder??!!

Sind wir aber auch gnädig zu jenen Lesern, die sonderbarerweise diese Ode in den Händen halten, *obwohl* sie zu den Tupfern und Wischern gehören. „Was in aller Welt ist denn bitte eine Servietten-Technik?!" fragen diese sich natürlich und vermuten dahinter vielleicht eine bestimmte Technik beim Wischen und Tupfen. Aber weit gefehlt! Es handelt sich dabei um eine Bastelarbeit. Sie betrifft die oberste bedruckte Lage der üblicherweise dreilagigen Zellstoffserviette, die ein Servietten-Techniker hingebungsvoll vorher abzupft. Manchmal mit Leichtigkeit, manchmal schier überhaupt nicht und erst nach ewigem Eckengefetze. Diese in wechselnder Zerbrechlichkeit gearbeitete, hauchdünne Lage wird mittels eines Spezialklebers (~ Potch) und eines Pinsels auf ein vorher bestimmtes Objekt aufgebracht. Wenn es gut lief, ist dieses Objekt hinterher schöner als vorher und hat echter Designer- und ArtDeco-Qualitäten. Wenn es hingegen nicht *ganz* so gut gelaufen ist … davon ausführlich später!

An diese Leser richtet sich auch das am Ende dieses Werkes sorgsam eingefügte **Glossar mit Begriffserklärungen**, das den Unverbildeten mit dem eigenwilligen Duktus dieser hohen Kunst bekannt machen möchte. In diesem Sinne: Frohes Kleben, Pichen und Klatschen auf den folgenden Seiten!

# Was ein Servietten-Techniker für sein Meisterwerk benötigt

ANFÄNGER
- Unterlage (am besten sind alte Plastik-Sets geeignet)
- Servietten
- Etwas zu verschönern (~ Werkstück)
- Kleber (~ Serviettenlack, DecoPotch) wir nennen ihn hier Potch
- Einen weichen, mittelbreiten Pinsel (~ Acrylpinsel, Kunststoffpinsel)
- Wasserglas
- Handarbeits- oder Papierschere

PROFI
- Acryl-Mattlack
- Klarlack auf Kunstharzbasis und Terpentin zur Reinigung
- Leinwandgrundierung, Weiß
- Bastelmesser (~ Skalpell)
- Kleine spitze Schere
- Spezialkleber (~ PorzellanPotch)
- Schaschlikstäbchen
- Saugfähiges Tuch um den Pinsel zu trocknen
- Geräumiger Behälter (~ für alle ungenutzten Schnipsel, Lappen und Fetzen)
- Glitter
- Schmuckbauteile
- Acrylfarben, Metallic-Acrylfarben
- Decopatch-Papiere
- Oblaten

- Modelliermasse
- Strukturpaste
- Cracelüre-Medium

## Einkauf, Rauschkauf, Fehlkauf ...

Tja, bevor wir jetzt anfangen, unsere Umwelt mit Servietten zu verschönern, müssen wir dazu natürlich erst mal ein paar passende Objekte besitzen. Wir gehen also jetzt mal Servietten jagen! Die Tupfer und Wischer nehmen ja die Pakete mit, wie sie ihnen zufällig in die Hände fallen, aber nicht so wir! Man kann durchaus schon mal von einer Pirsch und einem echten Jagdfieber sprechen ... Und wo befindet sich so ein Servietten-Jagdgebiet? In der Innenstadt und im Einkaufszentrum! Man muss allerdings mit wachem Geist und offenen Augen durch die Welt gehen. Dann entdeckt man auch immer neue Höhlen, Nester und fetteste Fischgründe. „Wo würde ich mich verstecken, wenn ich eine Serviette wäre?!" fragt sich natürlich stets der passionierte Servietten-Jäger. Servietten verstecken sich zumeist in:

- Geschirr- und Tischwäscheabteilungen von Kaufhäusern
- Geschirr- und Tischwäscheabteilungen von Einrichtungshäusern *(meistens unspektakulär)*
- Spezialgeschäften mit Geschirr und Tisch-Accessoires
- Geschäfte für Künstlerbedarf
- Hobby-, Handwerks- und Bastelmessen
- Tee-Läden
- Confiserien
- Weinläden
- Geschenkeläden
- Cafés mit Geschenke-Regalen
- Papeterien
- Papeterie-Abteilungen in Kaufhäusern

- Drogeriefachmärkten
- „Krusch"-Läden
- Pflanzencentern
- Blumenläden
- Speziellen Bücherläden/Antiquariaten
- Fresshallen
- Garten-Ausstellungen
- Budenzauber mit kunsthandwerklichen Artefakten
- Schubladen und Schränken von Freunden und Bekannten
- Beständen anderer vom Servietten-Virus Befallener
- Servietten-Klubs, Servietten-Tauschringen, Sevietten-Börsen, ...
- Internet
- ...

Doch wie ein echter Jäger, legt auch ein Servietten-Jäger nicht auf alles an, was bunt ist! Wobei ... also am Anfang wird er höchstwahrscheinlich leider *genau das* eine ganze Weile lang intensiv tun! Sein Auge ist nämlich noch nicht genügend geschult, die Möglichkeiten, die in so einer Serviette wohnen, anständig zu durchleuchten! Diese Fähigkeit wird dann, mit etwas fortschreitender Übung, sogar zu einer Art **Muskel**, der fast unwillkürlich arbeitet und zumeist zielsicher vorselektiert. Trainieren Sie also bewusst Ihren „Musculus Mappus"! Wir kommen noch intensiv darauf zurück ...
Ohne einen intakten Servietten-Muskel greift man dann stets euphorisiert, und leider zumeist ebenso wenig zielgerichtet, zu! Erst wenn man mal mit der Serviette ernsthaft zu arbeiten beginnt, werden die unzureichenden Eigenschaften der jüngsten Käufe sichtbar. Meine ersten Fehlkäufe hatten

sich im Gros auf florale Embleme spezialisiert. Ich dachte wohl: „Blumen gehen ja immer! Da kann man jetzt nicht viel falsch machen!" Das stimmt auch prinzipiell, aber nicht in *der* Wahllosigkeit, wie ich dann damals zuschlug. Wollen wir „die Artefakte der ersten Stunden" hier einmal kurz zu Studienzwecken aufarbeiten. Ich sage nur: Sie waren alle nicht brauchbar und mit einigen von Ihnen wische ich mir immer noch das Schlabberschnäuzchen ab!

<u>Das Foto einer roten Rose als Ein-Bild-Motiv</u> ist wahnsinnig anstrengend, sowohl anzusehen, als auch anzuwenden. An einem so lauten Motiv guckt man sich schnell blind und es geht einem schon bald mächtig auf die Nerven. Hier haben wir den größten **Kardinalfehler: Serviettenkauf auf Impuls!** Nach dem Motto: „Rosen gehen ja immer, da wird mir schon was zu einfallen!". (Tat es dann aber leider nicht). Ebenfalls schwerwiegender Effekt: ein Ausschnitt als Vergrößerung, mit verschwimmenden Rändern und ohne klare Begrenzung des Motivs. Das Bild könnte man nicht mal auf einen Keilrahmen klatschen, weil einfach rundum alles schmerzhaft fehlt …

<u>Quadratisch angeordnete Blumen-Fotos</u> wie ein Mosaik, zumeist als Ausschnitte, sind nicht mal zum Lappenklatschen geeignet, weil sie nämlich schon von Weitem nach Serviette riechen. Ich hatte mir wohl damals vorgestellt, die Bilder ausschneiden zu können und dann irgendwo einzufügen. Aber sie waren viel zu klein und auch überhaupt nicht kreativ: magere Lavendel-Strunken auf lila Hintergrund. Wo hätte das eigentlich genau draufpassen sollen …?

Foto eines Efeu-Feldes, als Ein-Bild-Motiv war gedacht, um es als Ranken auszuschneiden und dann irgendwo aufzubringen. Da aber alles als *ein* Bild total ineinander verwuschelt war *(siehe: Foto-Serviette)*, konnte ich keine einzige Ranke irgendwie sauber extrahieren. Dies ist die einzige Serviette von der ich ein paar aufgehoben habe. Man könnte sie ja eventuell mal als Hintergrund für gewisse florale Joker verwenden. (Ich habe es allerdings bis heute noch nicht getan, fällt mir gerade auf. Gewiss nur ein Zufall.)

Primitiv gemalte Steppentiere auf afro-folkloristischem Hintergrund, das Ganze schwerst Orange-Braun-Schwarz-getriggert. Tja. Wieder ein **Kardinalfehler: „Da kann ich mal irgendwann irgendwas draus machen!"** Aus der Reihe: Zebras und Antilopen gehen ja immer. Nur wo genau, außerhalb von Mosambik und Kenia …? Eine Kaffeedose hätte man damit vielleicht noch einwickeln können (ich trinke keinen Kaffee). Oder einen Blumentopf damit betressen (ich habe keine Blumentöpfe). Ich hatte wohl vorgehabt die Steppentiere einfach auszuschneiden und dann in Efeu und Lavendel Gassigehen zu lassen? Wie sagte Kojak immer so lakonisch: „Äääntzückend, Baby …!"

Foto eines Latte Macchiatto-Glases mit Zubehör und „Café"-Schriftzug, der Klassiker, den haben wir wahrscheinlich alle. Auch das war wieder ein **Kardinalfehler: die Foto-Serviette!** Es geht gar nicht mal so sehr um das zumeist eher nicht sehr kreative Motiv. Vielmehr haben wir das Problem: Wenn eine Serviette als Bild bereits schon in sich geschlossen ist, kann man nichts mehr mit ihr tun, als Lappenklatschen! Hier kommt dann mal wieder die Kaffeedose ins

Spiel. Aber da müsste man halt vorher erst noch die ganzen Huftiere im Lavendel wieder runterkratzen! Man fällt auf diese Serviette aus verschiedenen Gründen gerne herein:

- Das Motiv ist wohlbekannt.
- Das Motiv verschafft durchgehend angenehme Gefühle und Assoziationen.
- Man hat sowieso gerade Kaffeedurst und der Milchschaum sieht so fluffig aus.
- Man hält das Motiv für unaufdringlich und zeitlos.

Wenn man dann, nachdem man tatsächlich die Kaffeedose damit beklatscht hat, mal etwas aus ihr ausschneiden möchte, stellt man etwas fest. Nämlich das, was man immer bei Foto-Servietten feststellt: Satz mit X! Alles ist ineinander drapiert, überlappt sich gegenseitig und der hässliche Schriftzug liegt auch zumeist noch quer darüber …

Ein Foto von Margeriten, das macht uns dann wieder die schon bekannten Probleme. Außerdem stellt man schnell fest, dass man Fotos, die zum Horizont hin verschwimmen, ja nicht mal *dann* geschickt ausschneiden kann, wenn es Blumen sind … Denn jeder der auf diese mit Margeriten betresste Schachtel blickt, denkt spontan, er habe Fett auf der Linse. Oder die Kontaktlinse versehentlich verschluckt. Man macht oft den **Kardinalfehler** zu glauben, **das Motiv eigne sich gut als Hintergrund**. Das ist falsch! Denn alles, was bereits als Motiv in sich fertig ist (insbesondere sind hier Foto-Servietten zu nennen), *kann* kein Hintergrund für etwas unfertiges sein. Nicht mal für einen primitiv erfassten Elefanten, der in den Margeriten verzweifelt seine Kontaktlinse sucht …

Das Foto eines goldenen Buddhakopfes, als Ein-Bild-Motiv war garantiert ein Frustkauf! Und der bescheuerte Gedanke: „Buddhas gehen ja immer!" stand bestimmt auch noch mit Pate! Hier treffen alle schon bekannten Probleme aufeinander: Ein Motiv, dass den Betrachter schnell ermüdet. Ein Motiv, dass eigentlich nirgendwo wirklich hinpasst. Ein Motiv, dass sich nicht kombinieren lässt. Ein Motiv, das man wegen seiner Größe ansatzweise zerstören würde, wenn man es beim Lappenklatschen über Eck legt, oder irgendwie zerschnippelt ...
Man könnte nun sicherlich den Kopf einigermaßen geschickt ausschneiden und dann auf ein altes Scheunentor klatschen, das sähe sicherlich sehr charmant aus! Man stelle sich das mal vor: rechts die Schubkarre mit dem dampfenden Kuhmist und der Forke drin, links der qualmende Kompost-Hain. Und in der Mitte: Buddha. Wie von Judith geköpft. Muss man ganz eindeutig mögen ... Und mir fällt gerade auch ein: Die Scheunentore sind mir ja sowieso jüngst ausgegangen.

Bunte Streifen unterschiedlicher Dicke, auch in sich strukturiert. Das erinnerte rückblickend übrigens stark an eine Esszimmer-Tapete aus den 80-ern. Ich dachte mir wohl mal wieder: „Das gibt doch bestimmt einen super Hintergrund ab!" Damals wusste ich noch nicht: **Geometrische Muster,** insbesondere wenn sie mehrfarbig und dabei dann auch noch unruhig sind, **geben** *niemals* **einen Hintergrund ab!** Was hätte ich denn überhaupt darauf zur Geltung bringen wollen: irgendwelche afrikanischen Paarhufer? Unten schräg (wegen dem vermaledeiten Schriftzug und dem Löffel) abgeschnittene Café-Gläser? Es stellte sich raus: nee! Dann verfiel ich auf den Gedanken mit dieser Tapisserie eine meiner Schachteln innen auszuschlagen. Man trifft hier auf folgenden **Kardinalfehler: Streifen klatscht man niemals gerade auf!** Ja, so sah das dann wohl auch aus: ein Esszimmer in Serbokroatien, ca. 1991 ...

<u>Verschlungene braunrote Muster auf blutrotem Grund</u>, die natürlich wieder mal der „Hintergrund-Illusion" folgten. Möglich als Innen-Display einer sowieso nicht allzu toll geratenen Schachtel. Darauf appliziert würde dann allerdings selbst ein primitiver Gepard zum Suchbild werden. Ich sag nur: Augenkrebs, Testbild und galoppierende Geschmacksverirrung.

<u>Das Foto eines Gewirres von Blumen, Zweigen und Blättern,</u> folgte wieder mal dem **Foto-Servietten-Denkfehler**. Es ermüdete sowohl als Ganzes, aber auch immer noch, als ich in meiner Verzweiflung dann schließlich begann einzelne Blumen herauszureißen. Einfach auch, um die ganzen Überlappungen zu kaschieren. Uferlos, ganz einfach uferlos. Ich sag nur: Tupftupf ...

<u>Eine etwas glänzende, ziemlich harte Struktur-Serviette in seltsamer Popelfarbe</u>, die vermutlich nicht mal einen Namen hat. Außer vielleicht: „Nach-dem-Katharr"?! Es war der etwas perlmutterfarbene Glanz, der mich so bannte! Und die Vorstellung, floral-barocke Musterprägungen als opulenten Hintergrund für andere Motive zu gewinnen (zum Beispiel für Impalas und Amarettini). Hier begegnen wir wieder einem **Kardinalfehler: Glanz und Prägung ersterben oft unter dem nassen Serviettenlack!** Ungerecht, aber leider nicht zu ändern ... Etwas ist noch zu sehen, von der

Perlmutterfarbe, also um ganz genau zu sein: von dem zart perlmutterfarben schimmernden *Popel*. Aber die Struktur weichte sofort unter dem Potch auf, *das* hätte man sich dann ja eigentlich auch denken können ... Aber es gibt sie: die harte geprägte Serviette mit Metallic-Emblemen, die nach dem Potchen sowohl glänzen, als auch strukturiert bleiben! Ich fand eine solche mit goldenen Krönchen, die man hinreißend ausscheiden kann und die jetzt dann so ziemlich überall ... Aber lassen wir das jetzt.

Ein **Kaufrausch** ist übrigens gar nicht so selten, wenn man mal wieder im Servietten-Virus flimmert. Es empfiehlt sich daher immer, seine geplanten Käufe dissoziiert zu betrachten! Nur weil da jetzt so ein niedliches Vogelhäuschen drauf ist, heißt das ja nun nicht zwangsläufig, dass man ohne Vogelhäuschen nicht mehr glücklich würde! Ebenfalls ist ein **Hang zu Doppelkäufen** ersichtlich. Wenn man nämlich ein Motiv (zumeist ein seltsames Zusammentreffen mit dem derzeitig herrschenden Mode-Stream) für sich entdeckt hat, neigt man seltsamerweise dazu, gleich noch mal da aufzusatteln! Im Moment des Kaufes erscheint uns das neueste Artefakt ja immer absolut einzigartig! Wenn wir dann aber nach einer Weile mal wieder in unseren Beständen kramen und das eine oder andere doch sehr ähnlich wirkende Motiv bergen, verwässert sich dieser Eindruck oft. Fazit: „Hat *das* jetzt wirklich sein müssen?!" Auch die faden Ausreden „vom Ausschneiden" ziehen unter diesen Gegebenheiten nicht wirklich. Es ist unter uns erwähnt vollkommen schnuppe, ob ein komischer Singvogel in Gelbbraun von rechts nach links oder in Braungelb von links nach rechts glotzt! Und auch irgendwelche sonderbaren Schmetterlinge sollten keinen ungezügelten Kaufreiz auslösen ...

Wenn man dann aber dennoch wieder schwach geworden ist, wie verwaltet man dann das ganze Zeug sinnvoll? Ich z. B. habe einen Weidenkorb von ca. 50 Zentimetern Länge, in dem jeweils zwei Pakete nebeneinander eine Reihe bilden. Was soll ich sagen: Das Teil ist randvoll! Einmal hatte ich diesen Korb, in dem üblichen Chaos im Keller, dann so dermaßen verramscht, dass ich ihn wirklich nicht mehr wiederfand. So musste ich schließlich davon ausgehen in meinem Keller doch tatsächlich beklaut worden zu sein! Unglückliches Zusammentreffen mit einer teuren und originalverpackten Schmuck-Bohrmaschine, die dann auch „plötzlich weg" war. Ich geriet regelrecht in Panik und erkannte damit, dass diese Servietten-Sammlung ein großer Schatz für mich war! Ich fühlte mich wie ein eifersüchtiger Kobold, dem man im Schlaf seine Juwelen gestohlen hatte. Und ich litt echte Höllenqualen bei der Vorstellung, dass irgendein asoziales Subjekt sich jetzt seinen hässlichen Mund mit meinen kostbaren ‚Map of the World'-Servietten abwischen könnte! Leider setzte dann wohl irgendwie auch das logische Denken an der Frage aus: „Wer stiehlt einen sperrigen Weidenkorb voller angebrochener Servietten-Packungen, aber lässt ein teures Trekking-Rad stehen ...?!" Ich handelte sofort und hängte peinlicherweise überall Zettel mit der Bitte um **dringende** Rückgabe aus ... Dann fuhr ich los und versuchte alle verlorenen Servietten irgendwie wieder zu beschaffen. Leider gelang mir das nach Stunden des Herumgefahres und Herumgelaufes auch ganz gut! Und weil ich ja so ein allerärmstes Würstchen war, belohnte ich mich dann auch gleich noch mit ein paar Paketen, die ich vorher gar nicht gehabt hatte. Dann im Keller, auf der Suche nach einem neuen Korb für die ganzen neuen Servietten, fand ich dann plötzlich den randvollen Weidenkorb unter einer raffiniert heruntergerutschten Gardine wieder! Unter ihm begraben: die Schmuck-Bohrmaschine. Ohne Worte. Somit begann ich in einer sehr schmerzhaften, aber klugen Aktion (bei der ich auch zukünftig bleiben werde), Packungen zu halbieren. Zu den **Halblingen** gehörten:

- durchschnittliche Servietten
- sonderbare Servietten (Frustkauf, Fehleinschätzung oder Prä-Mens)
- schwierig zu handhabende Servietten
- ähnliche Servietten
- aufdringliche Servietten, die nicht allzu viele Einsätze verkraften würden
- Servietten, die ich trotz länger zurückliegendem Kaufdatum noch nie verwendet hatte
- Servietten, die nur zum Ausschneiden von ganz bestimmten Artefakten angeschafft worden waren
- Hintergrund-Servietten
- Season-Servietten (Ostern, Weihnachten, Sommer, Herbst, …)

Die so ausrangierten Servietten archivierte ich in einer „zu benutzen"-Schublade. In diese griff ich dann fortan beherzt hinein, anstatt dem üblichen Griff zur Küchenrolle zu machen. Außerdem begann ich attraktive Servietten stapelweise als Mitbringsel zu verschenken. Meine Befürchtungen von wegen: „Wieso bitte schenkst Du mir zehn lose

Servietten?!" erfüllten sich übrigens nie ... Außerdem verschenkte ich, jeweils im Dreier-Set, großzügig alle möglichen Artefakte an ebenfalls vom Servietten-Virus Befallene. Und bekam dafür dann ... aber lassen wir das jetzt!

Das Ganze wiederholte ich noch mal nach einem guten halben Jahr, was tatsächlich zu noch weiteren Dezimierungen führte! Es stellten sich nämlich plötzlich ganz unverblümt Fragen, wie: Wozu benötigt man *ein ganzes Paket* mit Schmetterlingen, wenn man nur ab und zu mal *einen* Flattermann daraus ausschneidet ...?! Einige halbe Packungen drittelte ich sogar (auch, weil ich da zwischenzeitlich nämlich gar nicht rangegangen war) und von einigen Servietten behielt ich sogar nur noch drei bis fünf Stück. Dazu sage ich nur: Gewisse Sichtbefunde muss man hier nicht weiter vertiefen ...

Jeder vom Servietten-Virus Infizierte fragt früher oder später: **„Und wie finde ich nun die Serviette meines Lebens?!"** Die Antwort ist vielschichtig, denn sie liegt zwischen „Gar nicht!" und „Immer mal wieder!"

- Die Serviette unseres Lebens schwingt absolut in unserem Energiemuster.
- Sie ist für uns vollkommen zeitlos und nicht anstrengend.
- Sie dürfte sich auf so ziemlich jedem Objekt verewigen, sogar auf einem Becher.
- Wir sind heute nicht in der Lage uns vorzustellen, dass wir sie jemals satthaben könnten.
- Wir hätten sie auch schon vor zehn oder zwanzig Jahren gekauft.
- Diese Serviette hat für uns **einen Ewigkeits-Faktor**.

Mit allen anderen Servietten ist es wie immer im Leben: alles eine Frage der Perspektive! Heute sterben wir fast für niedlich grinsende, pink-farbene Eulen mit Blumen auf dem Bäuchlein und können einfach nicht genug von ihnen bekommen! Doch schon Morgen werden sich diese Eulen unversehens an den Rand gedrückt finden. Z. B. weil wir gerade ein nostalgisches Postkarten-Patchwork über Paris für uns entdeckt haben ... Es verhält sich mit der Serviette nämlich genauso wie fast immer im Leben: **Alles ist wichtig nur auf Stunden!** Und das heißt, wir bekämpfen zukünftig im Sinne unserer Lagervorräte Einflüsterungen der folgenden Art:

- Impulse!
- Die ist jetzt viel zu billig, um sie nicht mitzunehmen!
- Da wird mir schon irgendwas zu einfallen!
- Das kann man ja immer noch ausschneiden!
- Das würde super auf eine Dose passen, die ich allerdings noch gar nicht besitze!
- Das passt zu einer Idee, die ich schon immer mal umsetzen wollte!
- Die kann man immer brauchen!
- Die hab' ich ja sogar schon in groß! Die muss also toll sein!
- Das ist doch bestimmt ein super Hintergrund!
- Die brauche ich jetzt einfach!
- Rosen gehen ja immer!
- Der guckt so süß!

Die Essenz daraus ist, einen absoluten **Kardinalfehler** zu vermeiden: **Servietten-Kauf ohne Projekt!** Wann immer wir nicht wissen, was wir mit einem möglicherweise verschönerbaren Objekt oder auch einer neuen Serviette vorhaben, laufen wir Gefahr doch wieder nur Lagerware aufzubauen! Dasselbe gilt für nur einmalige Projekte, für die dann ein ganzes Servietten-Paket gekauft, und dann auch glatt archiviert wird …!

# Das Leben mit einem Servietten-Muskel

Helfen tut uns hier der durchtrainierte Servietten-Muskel **Musculus Mappus** …! Er springt immer dann automatisch an, wenn Servietten in unseren Gesichtskreis treten. Die erste Frage, die er uns stellt, lautet daher: „**Was genau willst Du damit machen?!**" Der alte Hase erkennt natürlich sofort: Hier wird die Verwendbarkeit für ein Projekt abgefragt, um den blinden Kaufimpuls zu killen! Gut trainierte Servietten-Muskel lassen sich auf keinerlei Geeier, Gelalle und Gefasel mehr ein. Sie kennen die gängigen Argumente des Süchtigen zur Genüge und fallen nicht mehr darauf herein. „Beschreibe mir, was Du mit dieser Serviette genau anzufangen gedenkst!", fordert er unerbittlich. Und das während wir, wie ein Ertrinkender, an einem „Nur-1,99-Vogelhäuschen-mit-Blaumeise-und-Apfelast-Servietten-Paket" klammern. „Man könnte einen Ordner damit bekleben!", jammern wir mit einem Blick auf die niedliche Blaumeise. „Was für einen Ordner meinst Du genau?", fragt jetzt unerbittlich Musculus Mappus, der alte Tyrann. „Naja, einen aus dem Keller …". Die Gegenfrage kommt sofort: „Um *was* genau darin dann abzuheften …?!" „Äh …! Na, da wird mir dann schon noch was zu …" „Hinlegen, aber zackig!", bellt uns der Muskel an. „Ich sag nur: hässlicher Singvogel mit Gen-Motten an Kirschblüte! Nie benutzt! So, weiter jetzt – Du brauchst noch Zahnpasta!" „Aber … aber … aber … Die guckt doch *so* süß! Ich *brauch* die! Und sie kostet *nur* 1,99!" Unser Servietten-Muskel weiß, dass er uns da jetzt nicht so einfach wegkriegt! Er sagt versöhnlich: „Gesetzt dem Fall, wir kaufen die jetzt und Du beklebst wirklich den Ordner damit. Heftest dann sogar auch mal das eine oder andere

Blättchen darin ab …" „Ja? Ja??? Ja?!?!", flehen wir dibbernd. „Was wird dann aus den restlichen siebzehn Servietten?! Wollen wir uns vielleicht damit eine kleine Voliere basteln? Und einen Streuobst-Hain …?" Wir schauen auf das Paket und die Meise wirkt plötzlich etwas deprimiert. Natürlich fällt uns spontan nichts dazu ein. *So* toll ist sie natürlich nun auch wieder nicht, dass wir ab sofort überall Frühlingsmotive haben wollten! „Sie hat nicht **den Hauch eines Ewigkeits-Faktors** …", setzt Musculus Tyrannus nach „Also, was ist jetzt mit der Zahnpasta …???" „Ich könnte den Rest vertupfen, verschneuzen und verwischen …", machen wir einen letzten kläglichen Versuch, die mittlerweile schwer depressive Meise doch noch zu retten. „Guter Plan …", sagt jetzt unser innerer Tyrann lakonisch „*Falls* Du die Schublade mit Deinen ganzen Doppelkäufen jemals wieder aufkriegst, stopfen wir sie einfach noch irgendwo mit rein!" Das war es dann. Der Klammergriff löst sich, das Rennen ist gelaufen. Spätestens zuhause bin ich dann zumeist auch ganz froh darüber. Aber *das* würde ich diesem diktatorischen Muskel bestimmt nie freiwillig sagen …!

Dieser checkt, auch wenn wir eine sachdienliche Angabe zum Projekt gemacht haben, immer zuerst, **in welcher Größenordnung eine Serviette aufgebaut ist**. Die erhabenste Version: Die ganze Serviette ist von nur einem Bild bedeckt: die **Ein-Motiv-Serviette**. Je nachdem wie komplex dieses Gemälde aufgebaut ist, ist auch seine Verwendbarkeit beschaffen. Zuvorderst zu nennen sind hier die teuren Kunst-Servietten, mit hauptsächlich impressionistischen und pointillistischen Gemälden darauf. Sie sind sehr teuer und oft sogar nur halb bedruckt (die unsichtbare Hälfte ist dann passend einfarbig gehalten). Man benötigt dafür dann ein großes Werkstück, um die Wirkung nicht durch zerschnippeln zu zerstören. Kleines Problemchen solcher Servietten: Wie viele tief-dunkelblaue Gewässer mit verschwommen darauf hingetupften Seerosen braucht der Mensch?! Wie oft kann man diese Serviette verwenden, bis das System gesättigt ist? Die magische Zahl ist auch hier, wie so oft, die Drei. Das ist allerdings ein Problem, das viele Ein-Motiv-Servietten haben, egal ob darauf nun ein Segelschiff, ein Gartenhaus oder ein Blütenast verewigt wurde …

Die nächste Kategorie ist die **halbierte Serviette**. Diese verfügt über eine unterschiedliche Vorder- und Rückseite, was sie sehr attraktiv für uns macht.

Eine sehr häufige Variante ist die halbierte und **gespiegelte Serviette**. Diese verfügt über zwei gleiche Hälften, die wie gespiegelt in der Mitte aneinandergelegt sind.

Und als letzte Variante gibt es die **gekästelte Serviette**, mit drei bis vier verschiedenen Bildern, was dann die absolute Krone der Servietten-Jagd darstellt!

Ein Taschentuch ist zumeist wie folgt aufgebaut: Ganz bedruckt, achtmal mit demselben Motiv, vier verschiedene Motive – diese in der zweiten Hälfte gespiegelt.

Dann checkt der Muskel, **welche Möglichkeiten der Serviette innewohnen**: Lappenklatschen? Doppel-Überklebungen? Überlappungen? Durscheinen? Kombinationen? Mosaizierungen? Verwendung von Teilen? Einzelmotiv-Gewinnung?

Der nächste Test gilt dem **Abgleich mit bereits vorhandenen Artefakten** im heimischen Weidenkorb. Werden Überlappungen gefunden, werden diese ernsthaft bewertet und in ‚zu gleich' oder ‚fremd genug'.

Dann folgt die Feuerprobe: **Geht diese Serviette einem auf die Nerven**, wenn man sie öfter auf verschiedenen Objekten sehen muss? Wozu ist diese Serviette noch gebrauchbar?
Hat sie wenigstens einen **Hauch vom Ewigkeits-Faktor**?
Erst wenn all diese Tests bestanden wurden, wenn das Projekt einwandfrei visualisiert werden konnte, wenn es erkennbaren Nutzen bietet, dann kommt die Gretchen-Frage: Nehmen wir dieses Stück in der Dimension ‚**klein**' **oder ‚groß'** …? Das ist eine sehr wichtige Frage, denn die kleine Variante wirkt manchmal intensiver, obwohl die große günstiger zu verarbeiten wäre. Außerdem bieten die kleinen Servietten oft noch einen Bonus, indem sie zwar ungefähr so aussehen, wie das Muttertier, dann aber noch ein paar leckere Features mitbringen! Nicht erlaubt ist der Grundsatz: „Wer sich nicht entscheiden kann, nimmt eben einfach beide mit!" Erst wenn all diese schwerwiegenden Fragen sorgfältig geklärt wurden, darf hier jetzt zugegriffen werden! Was für ein schöner Tag: Wir haben guten Gewissens fette Beute geschlagen!

# Die Arbeit beginnt ...

Es ist eine wahre Wonne und ein Ereignis tiefster Befriedigung **in der Sonne** zu sitzen und seine geliebte Servietten-Technik zu machen. So entspannend und erhebend ist es, die liebe Sonne so direkt in das Kunstwerk mit einzuarbeiten! Natürlich bläst der Wind immerzu orkanartig *genau* in unser Werkstück! Das liegt ja allein schon an der Flatterigkeit des Materials ;-). Der Vorteil des Arbeitens in der Sonne gerät damit auch zum Nachteil, wenn es nämlich wirklich mal darauf ankommt, oder sehr fisselig wird. Möglicherweise wird die Serviette in unwillkürliche Bewegung versetzt. Dabei trocknet nämlich alles innerhalb von Sekunden an und wirft unter Umständen dann sofort die ungeliebten Falten. Nachträgliche Schiebe- und Korrekturarbeiten sind in der Sonne fast nicht mehr möglich ... Das Tempo des Arbeitens ist jedoch sehr hoch hier draußen!

Mein Rat lautet: Jedes Werkstück immer wieder bewusst aus der Hand legen, auch wenn es *noch* so schwerfällt! Jedes Kunstwerk, wenn eine Etappe erledigt wurde, immer wegstellen und **gut antrocknen lassen**! So schnell zerstört der Künstler ausversehen die schöne Arbeit. Alleine schon durch nochmaliges Anfassen und versehentliches Vorbeischrammen. Die meisten Zerstörungen werden irrtümlich angerichtet, indem man einfach „noch mal ganz kurz drüber geht" und dann plötzlich Würstchen schiebt. Einige Schäden werden auch völlig unbemerkt verursacht und manchmal passiert sogar schon was beim vorsichtigen Absetzen des Kunstwerkes. Diese auf vielerlei unabsichtliche Weise erzeugten Läsionen erkennt man im unglücklichsten Falle dann erst viel zu spät! Und manche sind dann nach dem Antrocknen leider nicht mehr so leicht reparabe ... Am stressfreiesten ist es daher jeweils zwei oder drei Werkstücke auf einmal zu bearbeiten. Damit kann man dann auch guten Gewissens immer mal das Eine oder Andere zum Trocknen aus der Hand legen.

Ein sehr wichtiger Rat lautet: Jedes Werkstück, wirklich *jedes*, immer nach dem vollständigen Trocknen einmal kräftig klar überlacken! Am besten eignet sich bei unseren Werkstücken, egal ob aus Pappe, Glas oder Plastik, immer ein wasserlöslicher Acryl-Mattlack. Dieser macht einen unauffälligen und sehr feinen Glanz, hebt die Farbtiefe hervor, schützt vor Spritzwasser, Fettflecken und vielen Verschmutzungen. Außerdem beugt er Abstoßungen und Schäden durch das ständige Anfassen vor.
Wer sein fertiges Werk mit auf Kunstharz basierendem Klarlack (~ nicht wasserlöslich) kräftig bestreicht, erhält sogar eine relativ wetterfeste Variante, die oft dann wie edles Porzellan aussieht! Aber Lack hin und her – den Witterungen sollte man so ein Stück nie preisgeben. Die Physik weiß zu berichten: Was aufgetragen wurde, das wird über Kurz oder Lang auch wieder erodieren! <u>Merke</u>: **Wer sein Kunstwerk liebt, der gibt ihm einen Kuss aus Lack ...!**

## Lappenklatschen

Hach, selige Anfänge! Ich war, wie viele später von der Serviette Infizierte, auch der gängigen Täuschung aufgesessen, dass Servietten-Technik nur ein anderes Wort für „Tanten-Technik" sei. Auch ich kannte nur die unsäglichen Werke irgendwelcher ältlichen Dämchen als Ergebnisse therapeutisch geführter Bespaßungsaktionen. Die waren dergestalt, dass sie auf manchmal gänzlich unbehandelten, manchmal am Rand wild bemusterten Keilrahmen, mittig einfach eine Serviette draufgeklatscht hatten. So wie sie eben war. Und diese prangte: faltig und an den Rändern auch gerne leicht angefetzt, etwas schief gezogen in der gefühlten Mitte. „Café" war wohl der zumeist gewählte Schriftzug. Dazu völlig überflüssig, denn zwischen all den Latte-Macchiatto-Gläsern, Cappuccino-Tassen, Kaffeebohnen und Amarettini blieben ja nicht allzu viele Assoziationen übrig. Außer vielleicht: „Musste das jetzt sein ..." und „Iss das Kunst oder kann das wech?!" Kurz zusammengefasst: *Das* ist nicht Servietten-Technik, das ist **Serviettenklatschen**! Lassen wir jedoch Lieselotte und Hannelore bei ihrem nicht sehr kreativen Treiben unbescholten weiterwalten und wenden uns wieder der Kunst zu ...

Ja, wir haben alle mal mit dem sogenannten **Lappenklatschen** angefangen ...! So nimmt man Kontakt zur Materie auf und erntet schnell die ersten, manchmal wirklich auch schon spektakulär anmutenden Ergebnisse. Lappenklatschen heißt: Man arbeitet auf einem Objekt möglichst flächig mit einer ganzen, halben oder viertel Serviette. Damit werden alle Kanten, Biegungen und Ecken gleich mal zügig mit umwickelt und (zumeist dann faltig) irgendwie festgeklatscht. Von seiner ersten Schachtel dieser Machart ist man zumeist eine ganze Weile lang aufs Schwerste beeindruckt! Sieht man sich diese dann allerdings irgendwann später mit gereiften Augen an, dreht man sie häufig mit hochgezogenen Augenbrauen in den Händen herum. Auch weil man all die gemachten Fehler jetzt natürlich sofort sieht. „Niedlich ..." ist dann der häufigste Kommentar.

Lappenklatschen ist, trotz aller Anfangserfolge, dennoch nur ein Stadium mit begrenzter Reichweite. Faulpelzchen und gelegentlich mal reinschneiende Zaungäste lieben es innig und verlassen es möglicherweise auch lebenslang nicht mehr. Dennoch kennzeichnet das Lappenklatschen immer nur das Anfängerstadium. Es ist, unter uns geflüstert, eine banale Technik der nicht ganz so feinen englischen Art. Wer sich auf das Lappenklatschen beruft, bietet sich selber nur wenig persönliche Entwicklungsmöglichkeiten. Auch wenn er so das Misslingen gewitzt zu vermeiden glaubt ... Allerdings ist der Preis der scheinbaren Sicherheit hoch, denn man erspart sich so auch jedwede Überraschung und inspirierende Aussicht! Das liegt an mehreren Gründen gleichzeitig. Wenn wir nun mal annehmen, man klatschte eine Serviette auf eine Schachtel oder eine Dose, dann sähe man sofort, dass alles aus einem Guss ist. Und manchmal sieht man dann ja sogar noch die Serviette in ihrer Charakteristik. Das ist es, was die innewohnende Magie vollkommen zerstört! Das ist es, was aus einer hässlichen Pappschachtel, schließlich eine hässliche, mit einer Serviette beklatschten, Pappschachtel macht. Nett. Möglicherweise nett, möglicherweise aber auch etwas peinlich. Ich sag nur Lieselotte und Hannelore ...
Menschen, die mittels Servietten wirkliche Magie produzieren, klatschen selbstverständlich auch mal den einen oder anderen

Lappen …! Aber sie tun dies stets nur auf einer einzigen Fläche eines Werkstückes und stets nur mit einen ausgewählten Ausschnitt, dessen Effekt sie sorgfältig vorher berechnen. Wichtig ist ihnen die Klarheit des Motives und eine gewisse sonderbare Tiefe, die einige Servietten anzunehmen in der Lage sind, wenn sie gelackt werden … Außerdem klatschen sie nicht über alle Ecken und Kanten faltig drüber! Wenn man, was bei seltenen Servietten möglich ist, aus einem Guss arbeitet, schneidet man an allen Kurven Keile heraus und klatscht niemals Falten fest.

Ein typisch-negatives Beispiel dieser Disziplin stellte das weiße Regal einer Bekannten dar. Sie ist ein bekennendes Faulpelzchen und dachte sich: „Wie es nur wieder passt, weißes Regal, Rosenserviette mit weißem Hintergrund, Klatschklatsch … Tja, so sah das dann natürlich auch leider aus! Der Könner vermeidet ja Falten und Risse wo er kann, weshalb er die Serviettenfläche stets so klein wie möglich hält. Außerdem weiß er, dass eine weiße Serviette auf einem weißen Untergrund dennoch immer zu sehen sein wird. Man konnte dann eben auch leider schon auf vier Meter Entfernung erkennen, was sie da versucht hatte, und es wirkte ziemlich armselig. Sie schien nicht zu bemerken, dass die Rosenranken, so wie sie gedruckt waren, ständig am Rand abgeschnitten wurden. Und das sie außerdem für das gewählte Werkstück viel zu weite Abstände aufwiesen. Man sah sofort, dass irgendetwas auf das Regal draufgeklatscht worden war und auch das es nicht ganz passte. Natürlich hätte man die Ranken vorher sauber ausschneiden müssen. Und zwar *generell* mit so wenig Überstand wie möglich, auch bei Weiß auf Weiß! Nur dann kann man die Motive auch so größengerecht anordnen, dass sie natürlich und gekonnt, nicht nur gewollt aussehen.

# Ausschneiden

Ausschneiden ist etwas, dass Faulpelzchen nur zu gerne vermeiden. Außerdem vergessen sie oft den **Größen-Maßstab-Check**. Das heißt, sie klatschen zu große Rosen auf zu kleine Flächen, was das Objekt schier erschlägt. Oder sie klatschen zu kleine Rosen mit zu großem Abstand auf zu große Flächen, was dann verloren und falsch angeordnet wirkt. Die Servietten-Techniker sagen sich immer: „*Wenn* ich mir schon die Arbeit mache, dann soll es hinterher auch richtig perfekt aussehen!" Daher wählen sie Ausschnitte, die größenmäßig zum Objekt passen und schneiden diese ohne Überstand aus. Auch eine Gilde kleiner Rosen würden sie immer mit der Handarbeitsschere vorher sauber ausschneiden. Wenn Faulpelzchen mal schnippeln, sieht das meistens so aus, dass sie einen Kreis vom Hintergrund mit drauf haben. Aus der Reihe: „Sieht man ja nachher sowieso nicht mehr!" Servietten-Techniker wissen: „Doch. Tut man wohl!" Das Ausschneiden bietet außerdem auch die Möglichkeit zu einigen faszinierenden Techniken, die man mit Lappenklatschen nie wird erreichen können. Das Mosaizieren (~ Mosaike legen) mit Servietten erzeugt ungemein ansprechende und sehr anspruchsvolle Effekte. Zumal man so auch schmerzlos verschiedene Servietten miteinander kombinieren kann. Das Mosaik hat sowieso ein paar sehr angenehme Effekte: Da es nur kleine Stücke verwendet, ist auch der Faltenindex nur gering. Ein Mosaik hat ja keine räumlichen Begrenzungen, darum gibt es keine Anlegeprobleme, wenn die Serviette mal nicht reicht. Außerdem kann man elegant um alle Ecken und Kanten mosaizieren. Servietten-Techniker wissen: Mittels Mosaiken kann man mit Servietten Effekte dichten und komponieren ...

Eine Sache ist jedoch beim Servietten-Mosaik immer zwingend zu beachten! Das Farbenspiel nur einer einzigen Serviette, mag es erlauben **überlappend zu mosaizieren**, ohne hinterher farblichen Matsch zu erzeugen. Wenn aber auch noch andere Servietten verwendet werden, ergänzen diese sich zwar vielleicht fabelhaft, aber Achtung! Manchmal wirken sie überlappt aufgebracht dann so, dass sie einander stören oder sogar auslöschen ... Das bedeutet, es müssen vorher wieder mal strategische Überlegungen angestellt werden. Je nachdem, wie die jeweils untere Serviette beschaffen ist, kann man einen charmanten Effekt nutzen, den ich hier **Durchschein-Effekt** nennen möchte. Wenn man nämlich mit einem Motiv auf eine Serviette obendrauf arbeitet, wird die untere jeweils *immer* irgendwie durchscheinen, auch wenn das aufliegende Motiv viel dunkler ist. Es gibt Servietten, bei denen dieser Effekt hinreißend ist. Das passiert allerdings immer nur dann, wenn das aufliegende Motiv den Betrachter nicht anstrengt. Eine Blume kann man zumeist auf gewisse Hintergründe aufbringen und mit dem Durchscheinen dann charmante Effekte erzeugen. Die Klassiker, um sie durchscheinen zu lassen: Schrift, Zeitung, antike Landkarte, Telefonbuch, luftiger Stempeldruck, Notenblätter, Stein-, Sand- oder Holzoptik, leichte Krakelüren, Decopatch-Papier oder zarte Muster auf hellem Hintergrund. Alles andere muss zumeist vorher in der Größe des aufzulegenden Objektes vorher sorgfältig geweißt werden. Wem das mal wieder zu anstrengend ist, der kann den Hintergrund auch nachträglich hinzufügen. Das ist eine Technik, die meiner Meinung nach aber nicht weniger Arbeit darstellt. Man macht es, indem man gerissene Stückchen eng abschließend rundherum anlegt.

Mittels der Servietten-Mosaik-Technik kann man außerdem herrliche Kunstwerke mit z. B. Decopatch-Papier-Fetzen als Untergrund herstellen. Darauf gibt man aufgepinselt eine z. B. ovale Acrylfarben-Fläche (~ wie ein Passepartout), worauf man dann das Servietten-Motiv aufbringt. Metallic-Verziehrungen (mit gold-, bronze-, silber-, kupferfarbener Acrylfarbe, flüssigem Edelmetall oder Metallic-Glitter) können schließlich noch als Bilderrahmen um die mit dem Servietten-Motiv beklebte Acryl-Fläche gelegt werden. All das erzeugt die irritierend edle Illusion eines aufgebrachten Gemäldes auf dem Objekt.

# Der Untergrund

Am besten zum **Weißen** funktioniert eine Leinwandgrundierung. Diese ist schnell trocknend, mattierend (bietet also guten Haftgrund) und ist beim ersten Anstrich zumeist bereits deckend, wenn man genügend Grundierung verwendet hat. Sie ist nicht ganz billig, aber diese Anschaffung lohnt sich, weil sie ergiebig ist, sowie Arbeit und Stress erspart. Auch eine *gute* weiße Wandbinderfarbe hat oft einen ähnlichen Effekt. Nicht ganz so gut zum Weißen funktioniert Acrylfarbe, weil diese nicht viele Pigmente aufweist und bei dunklen Untergründen trotz reichlichem Farbauftrag dennoch bis zu drei mal aufgebracht werden muss. Eine gute Ölfarbe der Marke Titanweiß hat ebenfalls gute Deckkraft, benötigt aber vergleichsweise sehr lange zum Trocknen, selbst wenn man einen Trocknungsbeschleuniger hinzu mischt. Außerdem ist die Gefahr von unwillkürlich aufgebrachten Strukturen durch die relative Dicke der Ölfarbe auch immer gegeben.

**Werkstücke, die nicht hell und einfarbig sind**, werden nach dem Aufbringen der Servietten ihre wahre Natur hinter der durch den Serviettenlack transparent gewordenen Serviette offenbaren. Das ist in einem Großteil der Fälle dann ein sehr unerwünschter Effekt und stellt einen typischen Anfängerfehler dar. Der Effekt tritt auch dann noch auf, wenn die aufzubringende Serviette selbst relativ dunkel oder sehr gemustert ist. Das Ergebnis ist eine seltsame Mischung aus einem durchscheinenden Untergrund und einer wie verwaschen wirkenden Serviette, die ihren Charme, ihre Tiefe und ihre Brillanz oft vollkommen verloren hat. Insbesondere auf dunklen Untergründen verschwindet das

Muster der Serviette fast gänzlich. Natürlich kann man sich das Durchscheinen des Untergrundes auch raffiniert zunutze machen, wenn es zur gewählten Serviette und zum angepeilten Effekt passt. Die Oberfläche von klassischen Leitz-Ordnern zum Beispiel, kann einen unwiderstehlich antiken Effekt erzeugen, insbesondere unter kräftigen Rosen-, Antik-, Landkarten-Servietten. Zu zart sollten die verwendeten Motive hier jedoch nicht sein, sie werden sonst von der unruhigen, dunklen Fläche einfach geschluckt. Wenn der Untergrund jedoch eine unerwünschte Farbgebung hat, was meistens der Fall zu sein scheint, muss man ihn in jedem Fall unbedingt vorher gut weißen.

Zu beachten ist auch die Zugrichtung des Pinsels beim weißen. Man arbeitet Logischenfalls immer in Richtung der kürzesten Strecke. Kreuz und quer zu weißen ist keine gute Idee, da insbesondere auf transparenten Werkstücken die Struktur der Pinselstriche manchmal durchscheint. Auch möglich ist eine Sichtbarwerdung der Aufstriche als Struktur an sich, wie z. B. von zu dick benutzter Ölfarbe. Hier kann es charmant wirken, wenn der Strich konsequent und gerade in einer Flucht verläuft, unpoliertem Holz dann nicht ganz unähnlich. Egal was man vorhat, sollte man sich ein ordentliches Arbeiten generell angewöhnen, auch auf dem vermeintlich später unsichtbaren Untergrund.

Was gar keine gute Idee ist, von Faulpelzchen aber immer wieder gerne mal versucht wird, ist das Vorbehandeln des Untergrundes mittels **aufgeklebtem weißem Papier**. Das funktioniert wirklich nur in den allerwenigsten Fällen, wenn sich nach dem Trocknen dann tatsächlich alles gleichmäßig

glatt gezogen haben sollte. Immer problematisch an dieser Technik sind alle Ecken und Kanten, weil irgendwo natürlich immer auf Stoß gearbeitet werden muss. Das lässt sich einfach schlecht fixieren, kann sich spätestens dann im Gebrauch schnell ablösen und sogar auch abstoßen. Wie schade!
Das wirklich größte Problem besteht allerdings darin, dass dieses Papier zumeist nicht auf der gesamten Unterfläche verklebt wurde. Wenn nun der nasse Potch aufgebracht wird, durchweicht er das darunter aufgeklebte Papier natürlich mit. Das führt dazu, dass es wellig wird und/oder sich sogar wieder ganz oder in Teilen ablöst. Alleine deswegen schon, weil die meisten Papierkleber heutzutage einfach nichts mehr Wert sind, da sie lösungsmittelfrei und auf Wasserbasis sind. Das Ergebnis sieht dann schlampig aus und macht keine Freude, trotz der Arbeitsersparnis. Auch die Gefahr Falten zu kleben, ist bei einem sich plötzlich wellenden und nachgebenden Untergrund, wesentlich höher.

Um den **Untergrund spannend zu gestalten**, empfiehlt sich z. B. das großzügige Aufbringen von weißer Binderfarbe, die man mit den Fingern oder irgendwelchen Gegenständen in Muster und Strukturen bringen kann. Um den Vorgang zu beschleunigen, kann man es trocken föhnen. Oft kommt es dabei zu Rissen, die sehr charmant wirken können. Eleganter, angenehmer zu verarbeiten, wenn auch etwas teurer, ist Modelliermasse aus dem Künstlerbedarf. Diese gibt es in kleinen Gläsern mit wechselnder Körnung: von ganz fein bis sehr grob. Gar nicht zu empfehlen sind die scheinbar billigen Varianten: Spachtelmasse, Fugenmasse, Gips-Mischungen … Diese enthalten kein Silikon, härten daher starr durch und bröckeln dann einfach irgendwann ab. Insbesondere wenn man damit auf beweglichen Untergründen wie Leinwand, Stoff, Pappe oder Plastik gearbeitet hat, ist der Kummer hinterher oft schon vorprogrammiert.

## Anlegen

Immer wieder eine Herausforderung ist es, an eine bereits aufgebrachte **Serviette anlegen** zu müssen. Das passiert ja schon alleine deshalb, weil so eine Serviette eben nicht immer so groß ist, wie das Werkstück. Ihre Abmessungen sind zumeist: 33cm (normale Serviette), 25cm (kleine Serviette oder Cocktail-Serviette), 22cm (Taschentuch). Insbesondere, wenn man eine Serviette benutzt, die auf der gesamten Fläche nur ein Motiv hat, begegnet man manchmal einem Problem: nämlich elegant eine Fläche zu belegen, die größer, als die Serviette ist. Wichtig ist es in jedem Fall immer sauber auf Stoß zu arbeiten, und zwar so genau, wie es nur irgend geht! Insbesondere auf transparenten Untergründen ist jede Überlappung zu vermeiden, weil sie sofort ins Auge sticht und dann sehr schlampig wirkt.

Was auch nicht gut kommt, ist es, einfach stumpf eine Serviette an die andere zu klatschen. Denn man kann an dem optischen Bruch sehen, dass es dem Künstler hier entschieden an Kreativität und Muße gefehlt hat. Hier ein paar Ideen für eine stressfreies Anlege-Technik:

- Eine Möglichkeit ist es, die Serviette mittig einzukleben und am Rand etwas muster- und farbgleiches aufzubringen.
- Man kann aus der gleichen Serviette Schnipsel reißen und diese wie ein Mosaik außen herum anordnen. Das Auge wird dieses gut aufnehmen, weil die Farben und Strukturen sich komplett darin wiederholen.
- Es ist möglich mit der gleichen Serviette eine Art „Spiegel-Linie" zu erstellen und so die Fläche ganz

ausfüllen zu können. Dazu legt man die anzulegende Serviette auf links (also mit der Nase nach unten) an. Wenn man nun sauber arbeitet, finden sich natürlich dieselben Schnittkanten wieder und das Muster setzt sich, wie gespiegelt, lückenlos zum Anfang hin wieder fort. Man muss keine Angst vor dem Farbverlust haben, weil die Serviette ja nun verkehrt herum liegt. Der Serviettenlack gleicht dies vollständig aus. Insbesondere auf transparenten Untergründen ist davon später nichts mehr zu erkennen.

- Man kann auch den Rand mit Modelliermasse und/oder Acrylfarbe und Glitter ausarbeiten. Ebenfalls möglich ist es Mosaike zu kleben: Glas, Muscheln, Steine, Perlen, Streusplitt, Stoffblumen, Spiralen aus Bändern, Trockenblumen, Knöpfe, kleine Tannenzapfen, Kronkorken, Weingummis, Halbedelsteine, Nudeln, Spiegelscherben, Quilling ... Der Kreativität sind keine Grenzen gesetzt!

Das Arbeiten auf transparenten Untergründen bietet elegante und überraschende Effekte. Einsatzmöglichkeiten der Servietten-Technik sind zum Beispiel: Lampenschirme, Glasuntersetzer, Teelichtmäntel, Fensterbilder, Wandbilder, Sets, Tablettauflagen, ...

Man legt dazu das transparente Werkstück mit der „guten Seite" nach unten. Zum Beispiel: Window-Colour-Folie, durchsichtige Sets, Teile von durchsichtigen Schreibtisch-Unterlagen, durchsichtige Deckel von Plastik-Behältern, ... Wir arbeiten nämlich bitte stets von hinten, damit das Werk geschützt wird und elegant, wie unter Glas liegend, wirken kann. Die Servietten werden mit der Nase nach unten, also mit der blinden Seite nach oben, aufgebracht. Ein Anfängerfehler, der für viel Enttäuschung sorgen kann, ist es, den Hintergrund nicht sorgfältig, und in einer Zugrichtung mit deckender Farbe zu schließen. Denn wenn man auf einen lebendigen oder dunklen Untergrund die jetzt ja halbtransparente Arbeit legt, verschwindet sie oft fast vollkommen im Umgebungs-Rauschen …

Um das zu verhindern, kann man den Rücken einfach nach dem Bekleben mit der Serviette weißen, was diese dann vollkommen in den Vordergrund treten lässt. Jede Unebenheit, Überlappung, Falte und alle Löcher treten hierbei allerdings natürlich auch stärker ins Blickfeld! Sie bleiben nur dann verborgen, wenn man den Rücken nicht weiter behandelt … Eine kleine Gefahr besteht bei diesem Verfahren allerdings bei sehr hellen Servietten. Durch das Weiß des Hintergrundes wird die anderlautende, zarte Hintergrundfarbe der Serviette schlicht geschluckt und das Weiß schlägt dann sehr durch. Will man die Serviette genau so erhalten, wie sie ist, muss man dem Hintergrundweiß ein Quäntchen der passenden Acrylfarbe hinzufügen, um den Charakter der Serviette im Original zu erhalten.

Man kann aber auch jede andere Farbe benutzen, die nicht zuviel von der nun halbtransparenten Serviette wegnimmt. Silber und helles Gold, sowie zartes Grau und verschiedene Perlmutterfarben können extrem edel als Hintergrund aussehen.

<u>Nicht vergessen</u>: auch hier den Hintergrund noch einmal klar und matt nachlacken, um das Stück im Gebrauch vor Verschleiß, Kratzern und Feuchtigkeit zu schützen!

## Arbeiten auf Porzellan und Glas

Auf Porzellan und Glas sind die Falten leider *nicht ganz* zu vermeiden, wenn man mit dem ziemlich teuren **Porzellan-Potch** arbeitet. Diesen brennt man dann, bei 130° innerhalb von 90 Minuten, sogar spülmaschinenfest auf. Ich persönlich traue dieser Angabe ja nicht, denn eine aufgeklebte Schicht wird sich eine Stunde lang unter der Wucht von beschleunigtem heißen Wasser, sicherlich nicht optisch verbessern! Dieser spezielle Potch hat leider stets die Angewohnheit nachträglich oft noch kleine Falten in die Serviette zu ziehen. Das kann man dann leider immer erst nach dem Aufbrand bewundern. Dies ist physikalisch durch die Erwärmung und Ausdehnung des Materials bedingt und kann im Vorwege leider nicht verhindert werden. Es gehört somit zum Charme selbstgebrannter Servietten-Porzellanarbeiten einfach mit dazu.

Ein großes Stück des Falten-Risikos kann dadurch vermieden werden, indem man auf Porzellan und Glas mit so wenig Fläche wie nur möglich arbeitet. <u>Merke</u>: **Je größer der Lappen, um so größer die Falten!** Wenn man nur jeweils kleine Teilstücke aufsetzt, kann man sogar oft ganz glatt arbeiten. Auch wenn natürlich der Impuls immer da ist, eine Tasse komplett in die derzeitige Lieblingsserviette einzuwickeln *(siehe: Einpack-Technik und Castro-Effekt)*, handelt es sich trotzdem um einen Anfängerfehler. Die Ergebnisse überzeugen in aller Regel nicht wirklich.

Eine Bahn, oder ein gut ausgesuchtes Motiv der Serviette, was man dann mittig vorne aufbringt, genügt in aller Regel, um den gewünschten Charme und Effekt vollkommen herzustellen. So kann man dann auch elegant den schwierigen

Henkel aussparen, der immer mit viel Gekleister, Gerupfe, Verschiebe, Überlappungen, Matschbergen und sonstigen Katastrophen-Effekten verbunden ist! Nur um am Ende dann doch oft wieder faltig oder hubbelig auszusehen ...

Den Attraktivitätsgrad steigern kann man dann noch, indem man auf der gegenüberliegenden Seite der Tasse innen-oben auch noch ein Emblem anbringt. Dieses rundet den Becher in aller Regel sehr satt ab und lässt den Betrachter wohlwollend ignorieren, dass er hinten nackt geblieben ist. Vielleicht noch ein einzelnes Emblem wäre dort zu empfehlen. Es muss allerdings klar sein, dass dieses die Nacktheit dann nur noch hervorhebt, während es gerade versucht sie abzumildern! Das ist leider so Physik :-).
Wer einen sehr großen und somit dann oft auffallend nackten Henkel hat, bekleistert ihn bitte nicht rundum mit der Serviette *(siehe: Einpack-Technik und Castro-Effekt)*! Er orientiert sich an der Außenfläche des Henkels (zum Beispiel, wenn er sehr breit ist) und klebt dort eine schöne Bahn auf. Er kann die Bahn auch unterbrechen, indem er sie oben, bis zur Mitte *außen* aufbringt und die untere Hälfte dann (ab der Wölbung) *innen* auf dem Henkel ...! So ist diese Bahn jederzeit ganz zu sehen, weil wir die optische Brechungslinie ausgetrickst haben. Man kann auch die Lichtkante (zumeist ist das die innere Henkelkante) bekleben, aber Vorsicht! Das gibt wegen der geringen Arbeitsfläche plus Kurven dann immer wieder gerne jede Menge unappetitliches Gewurstel und unerwünschte Looser-Effekte!

Sollte man der Versuchung einer **völlig eingepackten Tasse** aber dennoch einmal nicht widerstehen können, ist immer in mindestens zwei, besser sogar in drei Aufzügen zu arbeiten! Man mache nicht den Fehler eine einzige Serviette rund um die Tasse drum wursteln zu wollen, das klappt nämlich fast nie! Auch ist nicht jede Serviette dazu geeignet, auf einer Tasse verewigt zu werden! Man muss das vorher mal sehr kritisch ausprobieren, sonst macht das Ergebnis leider keinen Spaß. Insbesondere darum nicht, weil die meisten Becher, Gläser und Tassen ja eben leider *nicht* schön zylindrisch sind!

Wenn die erste Bahn aufgebracht ist, stellt man zumeist fest, dass sie oben oder unten entweder zuviel oder zuwenig Fläche hat. Hier setzen wir jetzt bitte nicht einfach stumpf die nächste Bahn an, denn dieses Ungleichgewicht über konkave oder konvexe Flächen trägt sich fort und sieht dann ganz fürchterlich aus. Wenn die erste Bahn *komplett* getrocknet ist, nimmt man daher ein scharfes Bastelmesser und begradigt die senkrechten Anschlusskanten mit einem festen Schnitt. Das überschüssige Papier wird man jetzt in einem Stück abziehen können. Nun kann man wieder eine neue Bahn ansetzen. Ist das Ansetzen doof, weil man es so deutlich sehen kann und das Muster stolpert, sollte man es besser zumeist an dieser Stelle mal gut sein lassen. Kann man das heute aber eben *nicht*, weil man an einer fixen Idee leidet *(Servietten-Fachmänner sprechen hier vom Servietten-Krampf)*, empfiehlt sich das Aufbringen einer senkrechten Bordüre. Allein schon als optische Trennung der Bahnen. Das funktioniert bei gleichem Muster oder Farbspiel natürlich auch dann, wenn die Bordüre aus einer anderen Serviette entnommen wurde. Auch hier gilt, insbesondere für die Faulpelzchen: bitte nicht einfach stumpf draufklatschen! Das verändert nämlich die Farben auf dem Überstand, der dann ja doppelt belegt ist. Nach dem Brennen wird außerdem alles total hubbelig sein und dann höchst schlampig aussehen! Immer ausschneiden und *so genau* einpassen wie nur irgend möglich! Kleinste Überstände kann man mit der stumpfen Seite des Bastelmessers auch schon mal in den Ausschnitt zurückschieben. Und das dabei eventuell entstehende Mikro-Würstchen dann mit der flachen Seite des Bastelmessers glatt streichen ... (Guckt ja auch gerade keiner).

Wer das mit den Falten überhaupt nicht mag, verzichtet besser auf das Brennen im Ofen, somit aber auch zur aktiven Benutzung dieser schönen Sachen. Dieser faltenlose Perfektionist arbeitet auch auf Glas und Porzellan einfach mit dem normalen Servietten-Potch und Acryl-Mattlack weiter. Ein weiterer Nachteil durch das Brennen im Ofen entsteht durch ein gewisses, komischerweise aber nur manchmal, auftretendes Nachbräunen der Farben unserer Servietten. Dieses ist insbesondere bei weißem Porzellan und weißen Servietten zu beobachten. Einmal habe ich allerdings einen interessanten Effekt erlebt: Da auf einem gebrannten Teller, der sich als Deko auf dem Balkon befand, immer wieder mal Wasser stand, ging das Branzel-Braun nach ca. zwei Wochen wieder restlos weg! Mein Tipp: bei Umluftherden generell die Temperatur nicht über 110°C steigen lassen. Alle halbe Stunde den Herd für 2-3 Minuten öffnen, damit sich die Hitze nicht so aufstaut. Nach Beendigung der Brennzeit die Sachen *nicht* im abkühlenden Ofen stehen lassen: Mehr Hitze hilft nicht mehr, sondern macht mehr braun!
Der Nachbräun-Effekt gilt sowieso *immer* für das gebrannte **Arbeiten auf Glas**, was man im Vorwege stets einrechnen muss, da sonst die Enttäuschung am Ende zuschlägt. Im

Ofen nachgebranntes Glas erhält einen zugegebenermaßen sehr anmutigen Antik-Effekt. Dieser ist gekennzeichnet durch eine Sepia-Färbung und eine noch weiter erhöhte Transparenz. Die charmante Veränderung geht jedoch ganz klar zulasten der Farbbrillanz und der Klarheit des Musters.

Was beim Arbeiten mit Servietten-Potch auf Glas allerdings immer irgendwo auftritt, sind **gewisse kleine Stellen, an denen die Serviette scheinbar keinen Lack aufnimmt.** Diese Stellen bleiben hartnäckig etwas weißlich, als wäre darunter noch eine Schicht der Unterlage hängen geblieben. Sie sehen dort dann intransparent und irgendwie trocken aus. Auch mehrfaches Überstreichen ändert daran nichts. Selbst späteres klares Überlacken nimmt diese Flecken nicht weg. Sie gehören wohl auch zum Charme des Arbeitens auf Glas … Diesen sonderbaren Effekt kennt das im Ofen gebrannte Glas dagegen nicht.

Eine sehr charmante Variante ist es, **das Glas vorher zu weißen.** Das killt den Tranzparenz-Effekt, der natürlich einiges von der Brillanz und Tiefe der Serviette einbüßen lässt. Wenn man es vorher weißt und nachher lackt, sieht das so behandelte Glas fast wie Porzellan aus und weist auch keinerlei Unebenheiten in der Farbgebung mehr auf …

# Erste Hilfe

Wie fürchten und hassen wir sie doch: Würstchen, Risse, Löcher und Falten! Das sind einfach die erklärten Todfeinde aller leidenschaftlichen Servietten-Techniker! Und das war noch die gute Nachricht … Die schlechte lautet: Man kann ihnen nie vollkommen entgehen, egal wie sehr man sich auch vorsieht! Aber man kann zum Beispiel vieles davon doch auch ein bisschen verhüten.
Eine der sichersten Methoden, um unabsichtliche Läsionen zu vermeiden, ist es, **nie mit klebrigen Fingern zu arbeiten!** Wenn die Finger vom Potch schon überall backsen, ist Ende im Gelände! Jetzt hilft nur noch eine gründliche Reinigung, am besten mit Sandseife oder Bimsstein, mindestens aber mit viel Seife und der Nagelbürste!

Um **Falten** entgegenzuwirken gibt es ganz klare Grundsätze. Niemals sollte man einfach einen trockenen Lappen auf das Werkstück klatschen und dann anfangen ihn willkürlich pinselnd mit Potch zu bekleistern …! Da ist dann die Falte nämlich Programm, schon rein physikalisch. Um so glatt wie möglich zu arbeiten, insbesondere auf ebenen Flächen und auf Materialien wie Glas, Plastik oder Porzellan, arbeitet man mit einem sogenannten „trockenen Pinsel". Dieser kommt aus der Sprache der Maler und bedeutet: Der Pinsel wird nach dem Aufnehmen der Farbe/des Lackes fest abgestrichen, sodass nur wenig/kaum Überstand an ihm haftet. Mit einem dergestalt abgestrichenen Pinsel behandelt man nun einen Teil der zu beklebenden Fläche grob vor. Man beginnt dazu *zwingend* immer in der Mitte des Werkstückes. Auf diese dünn bestrichene Stelle bringt man nun sorgfältig die Serviette auf. Dann streicht man sie mit festen, zügigen Bewegungen der Fingerspitzen, Daumenkuppen oder Handballen, von der Mitte aus nach flott nach außen hin glatt. Etwas Beeilung jetzt bitte, viel Zeit haben wir nicht, bis es antrocknet! Sollte es bereits hier zu einem Anlegefehler gekommen sein, kann es schwierig werden, die Serviette wieder heil abzubekommen. Es ist an solchen Stellen immer zu überlegen, ob dieser Fehler wirklich schwerer wiegt als das möglicherweise jetzt entstehende Loch! Erst dann wird der Potch aufgebracht: wieder von der Mitte aus in zügigen, weichen Strichen nach außen gezogen. Dann behandelt man das nächste angrenzende Stück Untergrund vor, glättet die Serviette mit den Fingern darauf und bestreicht sie mit Potch. Aufpassen vor der bereits fixierten Bahn! Da bitte jetzt nicht mehr drüberfahren! Sie ist bereits komplett aufgeweicht und wird daher schnell reißen! Am besten wäre es, jetzt eine kleine Trocknungspause einzulegen …

Man kann als Regel festhalten: Je unruhiger der Untergrund ist, um so fetziger und faltiger wird unterwegs die aufgebrachte Serviette! Bei manchen Objekten und manchen Servietten kann man sich die Falten auch schon mal als gewollten Antik-Effekt zunutze machen. Meistens sehen Falten aber einfach nur unpassend, doof und nur sehr wenig gekonnt aus. Dies gilt umso mehr an Verjüngungen, Kanten und Ecken!
Manchmal empfiehlt es sich sogar besser mit dem gepotchten Finger zu arbeiten. Einfach weil dann der Zerfetzungs-Index durch den Pinsel nicht mehr gegeben ist. Vorsichtig muss man natürlich dennoch sein! Aber man kann feststel-

len, dass die Serviette mit dem Finger immer sofort da anliegt, wo man sie hingeschmiert hat. Schon jetzt anliegende Falten sollte man besser sowieso *immer* mit dem Finger glattschmieren, weil man so ein besseres Gefühl hat und eher trockener arbeitet als mit dem Pinsel.

An konvexen, konkaven, bauchigen und irgendwie irregulären Werkstücken kann man die Falte fast nicht ganz vermeiden. Faulpelzchen scheren sich in der Regel nicht weiter groß darum. Sie klatschen die Serviette rücksichtslos so lange über die sich verjüngende Fläche (z. B. an einen Flaschenhals), bis sie eben dann komplett und faltig anliegt. Das sieht man in jedem Fall später: sowohl an der verschwundenen Harmonie des Musters, als auch am satten Faltenwurf. Perfektionisten finden solche Optik einfach nur schlampig und haben mehrere Tricks drauf, um so was zu umgehen:

- Sie arbeiten von vorne herein in Bahnen und legen sorgsam an.
- Sie schneiden Keile heraus und nehmen in Kauf, dass das Muster möglicherweise an diesen Stellen seine Harmonie verliert.
- Sie bearbeiten die verjüngten Stellen gesondert und legen sie einzeln später an.
- Sie arbeiten von vorne herein mit Teilstücken als Patchwork, ungefähr wie bei einem Mosaik *(siehe: mosaizieren).*

Die gefürchteten Würstchen, mit den unvermeidlichen Rissen und Löchern im Gefolge, jagen uns Servietten-Techni-

kern wahre Schauer über den Rücken! Sie passieren immer dann, wenn man über eine durchweichte Serviette *einmal* zuviel darübergefahren ist. Leider weiß man das dann immer erst hinterher, dass *dies* schon der eine Strich zuviel war …!
Insbesondere Porzellan, Glas und glattes Plastik verzeihen einem keinerlei Zuckungen! <u>Daher gilt</u>: Immer mit *viel Potch* arbeiten, aber mit so *wenig Pinselstrichen* wie nur irgend möglich!
Und wenn es dann trotzdem passiert ist?! „Es kommt drauf an …!", das sagte schon Radio Eriwan.

<u>Herzinfarkt</u>: Wir haben schwungvoll eine **klaffende Wunde mit Würstchen am Rand** geschoben! *(Der Servietten-Fachmann spricht hier vom „Würstchenschieben")*. Dann kann noch alles wieder schnell gut werden, wenn wir die Regeln beachten! Die erste unter ihnen lautet: *Niemals* mit einem trockenen Pinsel auf eine Läsion losgehen! Niemals mit Druck arbeiten! Immer den Pinsel mit Potch volltanken und dann gegen die Schubrichtung an den äußersten Rand des Würstchens vorsichtig hinstupfen. *Nicht drüberstreichen*, denn damit reißt es dann spätestens wahrscheinlich restlos ab und ist somit möglicherweise dann verloren! Man sollte mit dem nassen Pinsel vorsichtig gegen die Schubrichtung stupfen. Dann erlebt man oft erleichtert, wie das Würstchen sich, einem geöffneten Vorhang gleich, wieder über das gerissene Fenster zu schließen beginnt. Jetzt nur keinen Fehler machen, nicht drüberstreichen und lieber noch mal Potch nachladen und die Stelle vorsichtig mit der Pinselecke zurechtstupfen und so fixieren. Jetzt komplett antrocknen lassen!

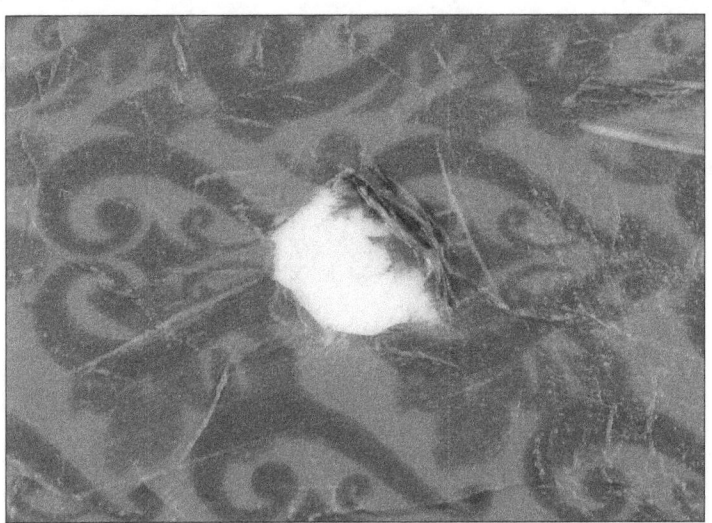

Fensterreißen/Wundenreißen mit Würstchen am Rand.

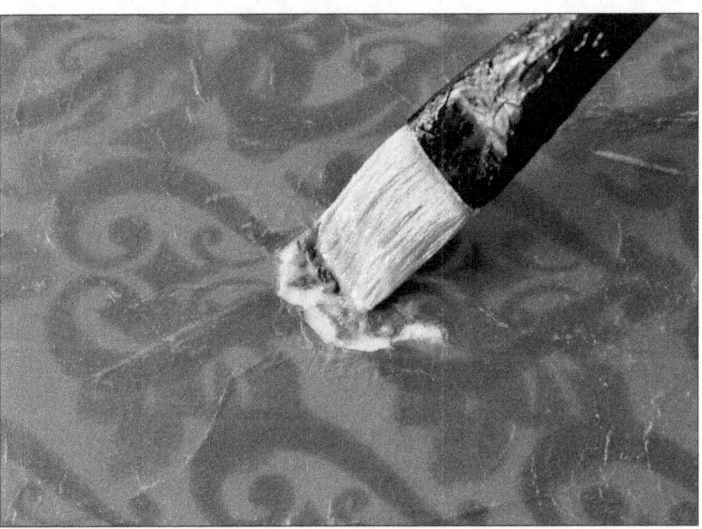

Mit viel Potch und vorsichtig stupfend schließt sich das Fenster manchmal wieder lückenlos, wie ein Vorhang.

Ganz großes Drama: Der entsprechende **Fetzen hängt schon im Pinsel** und das Fenster klafft weit offen! *(Servietten-Fachmänner sprechen hier vom „Fensterschieben").* Jetzt mit der Spitze eines Schaschlikstäbchens versuchen das Fetzchen vorsichtig wie ein Hirnchirurg abzulösen. Nun ist es wieder an Ort und Stelle zu verbringen (bitte unbedingt richtig herum!) und nicht so viel zittern jetzt! Dazu muss man vorher das leere Fenster großzügig mit Potch vorbereiten und wieder stupfend vorgehen, wie schon oben beschrieben. Keinesfalls einfach stumpf drüberstreichen!

Weltuntergang: Ein Fenster klafft, **vom rausgerissenen Fetzen ist keine Spur mehr zu finden**! *(Ein Servietten-Fachmann spricht hier vom „Wundenreißen").* Vermutlich schwimmt der Fetzen im Potch, im Wasserglas oder klebt an Deinem Ellenbogen! Wenn Du diese Serviette noch einmal hast und etwas verschwenderisch sein kannst, suchst Du jetzt in diesem Frischling genau die kaputte Stelle und reißt sie relativ passgenau heraus. *(Der Servietten-Fachmann nennt das die „Fetzentechnik").* **Niemals schneiden!** Man schneidet nicht, weil Risskanten (wie in der Medizin übrigens auch) immer schneller, besser und narbenfreier zusammenwachsen, als glatte Schnitte. Das liegt schon allein daran, dass rein physikalisch bei Rissen mehr Fläche an den Kanten zur Verfügung steht. Mit so wenig Überstand wie nur irgend möglich arbeiten! Wie immer vorgehen: Fenster potchen, Fetzen genau auflegen, zurechtstupfen und niemals drüberstreichen! Denke immer dran: Wenn die Serviette nass wird, dehnt sie sich ja noch etwas aus und kann so ein paar Distanzen einfach wieder kompensieren …!

Ist diese Serviette nicht noch mal verfügbar, oder bist Du zu geizig ein kostbares Stück dafür zu ruinieren, suchst Du Dir ein farblich passendes Stückchen aus dem Rest der Serviette heraus. Wenn sich das nicht gut ergänzt, arbeitest Du als Restaurateur *(siehe: Restaurations-Technik)*. Dazu wird die Läsion soweit vergrößert, bis zum Beispiel noch eine Blume, ein Herzchen, Vögelchen, Schmetterling oder Schleifchen *aus dieser Serviette* hineinpasst. Gibt es keine Rest-Serviette mehr, steige in Deine Bestände und suche nach einem Emblem, dass in Machart und Farbgebung der benutzten Serviette ähnelt. Wichtig ist auch hier wieder passgenaues Arbeiten! Ansonsten sieht man es, insbesondere auf Glas und Transparent, sofort am Überstand, wenn irgendwo ungeschickt herumgeflickt und einfach draufgeklatscht wurde!

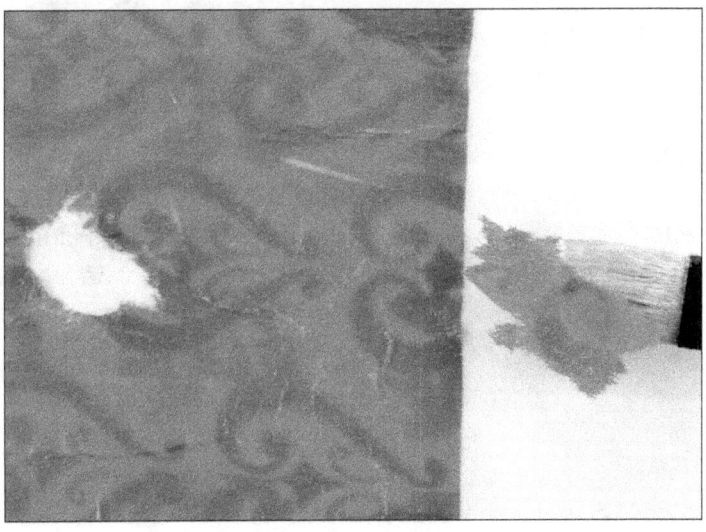

Wenn der Fetzen fehlt oder zermatscht ist, muss man mit der Fetzen-Technik flicken.

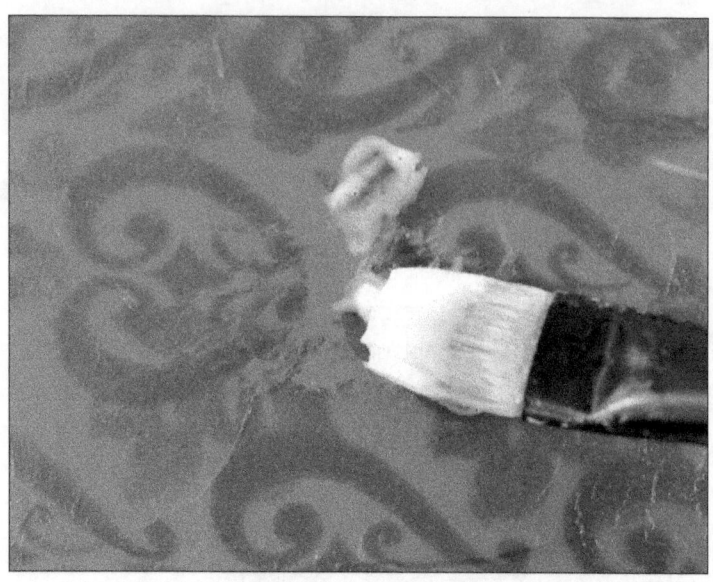

Mit viel Potch und vorsichtig stupfend wird der Fetzen so passgenau wie nur möglich eingefügt.

Schreikrampf: Ein Fenster ist geschoben, irgendwelche Würste liegen darin herum, vielleicht fehlt auch schon was … Jedenfalls sieht alles aus, wie **ein unrettbarer Haufen Matsch!** *(Servietten-Fachmänner sprechen hier vom schrecklichen „Matsch-Effekt").* Bachblüten Rescue-Tropfen rausholen, vier Tropfen nehmen, durchatmen … Wichtig ist, das jetzt bloß nicht so antrocknen zu lassen! Dann kann man es nämlich wirklich nur noch mit der Spitze eines scharfen Bastelmessers ausfetzen *(siehe: Risskanten herstellen)* und dann in der Fetzentechnik sauber restaurieren! Wenn man jetzt seine Pinselspitze mit genügend Wasser betankt hat, geht man nun damit einfach mal zügig in den Matschberg hinein, ich meine: Was hat man schon zu verlieren?! Man stupft vorsichtig aber entschlossen, um das Fenster evtl. sogar wieder mit dem Matsch zu schließen. Nur nicht darin herumrühren! Denn unter Umständen liegen die matschigen Fetzen noch ziemlich genauso, wie sie sich eben gelöst haben! Wenn etwas fehlt, arbeitet man mit farbgleichen Mikro-Fetzchen die Lücken aus. Ich weiß es, Ihr wisst es, ich wiederhole mich dennoch: Bloß nicht drüberstreichen jetzt! Wenn die Lücke zwar einigermaßen geschlossen ist, aber ans Vor-Alpenland erinnert: entweder gleich zügig abheben (was empfehlenswert ist) oder antrocknen lassen und mit der Cutterspitze dann rausreißen.

Was man ebenfalls nicht tut, ist es, auf den Matschberg einfach noch einen ähnlichen Fetzen draufzuklatschen! *(Der Fachmann spricht hier mit steifer Oberlippe vom „Fetzenklatschen")*. Faulpelzchen meets Looser-Effekt, meets Klappspaten an Neumond, Ihr wisst schon! Auf transparenten Untergründen wird man dies nämlich später immer sehen! Auf Porzellan sowieso, es ist als hätte Ihr ein Warnschild auf die Tasse geklebt: „Achtung, Pfusch!" Auf anderen Untergründen sieht man es zumeist dann leider auch, je nachdem wie eben der Untergrund ist, schon alleine schon durch die Hubbeligkeit. Schlechte Arbeit, Sir!

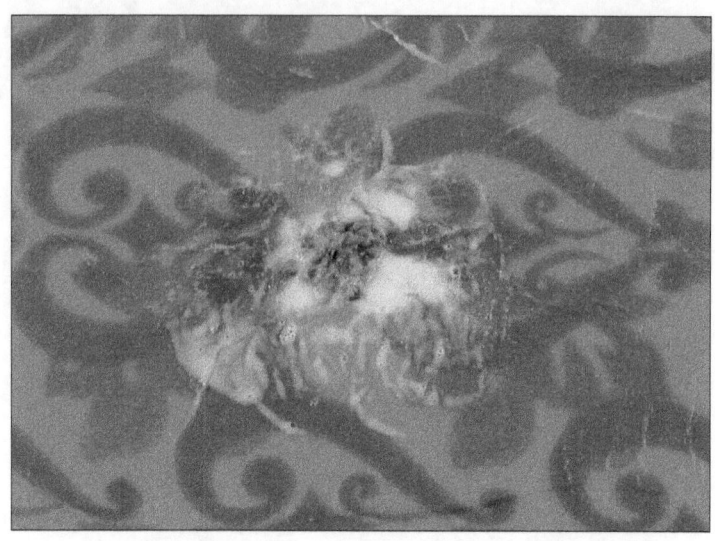

Wenn der Matschberg ruft, ist zumeist alles zu spät.

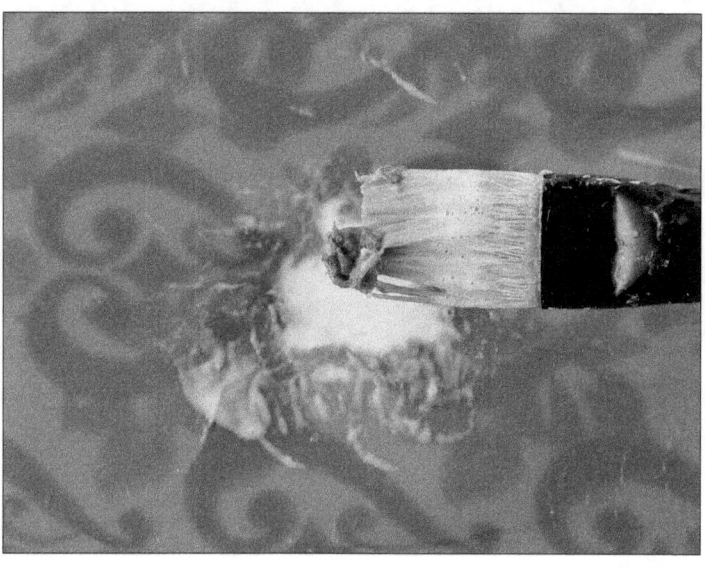

Matschberge sollte man abheben und mit der Fetzen-Technik oder Restaurations-Technik wieder aufbauen.

Wichtig für weitgehend unfallfreies Arbeiten:

- Sorgfältig und langsam auflegen, nachträgliche Korrekturen gehen oft nicht ohne Schäden vor sich.
- Immer von der Mitte her nach außen streichen.
- Generell so wenig Pinselstriche wie nur möglich machen.
- Immer reichlich Potch verwenden, lieber unterwegs nachtanken, als auf der nassen Serviette trocken weiterzuarbeiten.
- Je nasser die Serviette bereits ist, um so mehr Potch muss man verwenden, um doch noch etwas an ihr zu korrigieren.
- Die Pinselhaltung darf niemals in einem steilen Winkel sein. 45° sind ideal.
- Der Pinsel muss *immer* weich und flexibel sein, am besten eignen sich mittelbreite Acrylpinsel. Wenn sie hart geworden sind, oder sich an der Spitze teilen und spreizen, sind sie nicht mehr zu gebrauchen. Sie sollten in diesem Fall ihren Lebensabend in der Kunstharz-Fraktion aushauchen dürfen. Merke: Niemals mit dem Potch-Pinsel in Kunstharz und Terpentin herumrühren!
- Der Druck ist fest, aber weich, immer leicht und dabei zügig.
- Bei sehr scharfkantigen oder hubbeligen Flächen empfiehlt sich der Einsatz der Fingerkuppen.
- Über Läsionen *niemals* hinwegstreichen, auch nicht ganzganz vorsichtig. Mit viel Potch ausnahmslos unter Gebrauch der Pinselecke leise stupfend nacharbeiten.

- Eingesetzte Stücke immer nur herausreißen, weil sich Risskanten wesentlich besser einpassen lassen, als glatte Schnittkanten. Eingefügte Teile möglichst ohne Überstand aufbringen und *nicht* mehr überstreichen!

# Knapp daneben ist auch vorbei

Trotz aller Mühe, ist dennoch manches Werkstück nicht mehr zu retten und alles, was man versucht, verschärft die Krise nur noch weiter! Es ist ein hartnäckiger **Kardinalfehler** zu glauben, einem in sich misslungenen Stück fehle nur noch etwas und **man könne es retten, wenn man nur noch mehr draufklatscht**. Das ist falsch! Wenn man so denkt, leidet man gerade am sogenannten „Verschlimmbesser-Krampf". Die einzige Antwort auf solche Vorfälle lautet: Klappspaten! Denn wenn es *jetzt* schon so doof aussieht, hilft noch mehr davon auch nicht weiter! Das würde nämlich als Rechenaufgabe bedeuten: Etwas wird zu einem doofen Ergebnis noch hinzuaddiert. Damit maximieren sich die Masse und sicherlich auch der doofe Effekt. Es ist simple Logik: Indem man etwas hinzufügt, minimiert man gar nichts, nicht mal Doofheit! <u>Merke</u>: Ein nachträglich aufgeklatsches Emblem kann ein bescheuertes Stück nicht mehr retten! Die Erfahrung hat außerdem auch immer wieder gezeigt, dass ein Werkstück zumeist eben gerade immer *dann* für die Tonne ist, wenn sowieso schon *zuviel* draufgeklebt wurde!

- Zuviel Serviettenfläche an sich.
- Zu viele Farben oder Muster, oder auch beides.
- Farben, Muster, Motive vertragen sich nicht auf dem zu engem Raum.
- Der Hintergrund ist zu laut oder als Hintergrund sowieso völlig unbrauchbar.
- Es wurde (unpassenderweise) durchscheinend gearbeitet.
- Das gewählte Motiv ist laut, aufdringlich und anstrengend.

- Es wurde ohne Rand oder ohne Aussparungen gearbeitet.
- Ein Fall von Lappenklatschen.
- Die Größenordnung zwischen Motiv und Werkstück stimmt nicht. Zumeist ist es zu mächtig gewählt und erschlägt dadurch die Optik.
- Die Objektfarbe scheint (zu stark) drunter durch.

Bevor man sich nun ewig und drei Tage darüber ärgert, sollte man die Idee lieber in Würde sterben lassen. Wenn ein Werkstück (nicht aus Papier, Pappe oder Stoff) wirklich einmal *völlig danebengeraten* sein sollte, gibt es drei schnelle Methoden, um es wieder elegant loszuwerden:

1. Unter Wasser halten und mit der grünen Seite von einem ScotchBrite fest abreiben.
2. Trocknen lassen, mit dem Bastelmesser bis zum Grund einen Schnitt ansetzen und die Lagen abziehen. Klebereste mit ScotchBrite, Cutter oder Ceranfeld-Schieber gründlich entfernen.
3. In dunkler Nacht, mit dem Klappspaten, auf der Wiese hinter dem Friedhof vergraben.

Ist mal eine Pappschachtel oder Ähnliches daneben gegangen, kann man zumeist nichts mehr abziehen oder ablösen. Man muss die peinliche Arbeit, so wie sie jetzt ist, an einem dunklen, unzugänglichen Ort heimlich durchtrocknen lassen. Danach kann man dann diesen Schandfleck erneut gründlich weißen und noch einmal von vorne beginnen ... Aber Vorsicht: Was einmal beklebt war, wird nie mehr plan! Man wundert sich ausgiebig, wie hubbelig nach dem Weißen eigentlich alles aussieht, wenn es noch einmal behandelt und getrocknet wurde! Solche Schand-Objekte empfehlen sich also nur für sehr lebendige Servietten, wo ein bisschen Gehubbel im Untergrund nicht weiter unangenehm auffällt … Ansonsten: Marshmallows rausholen, Kamin anzünden, das Übliche eben …

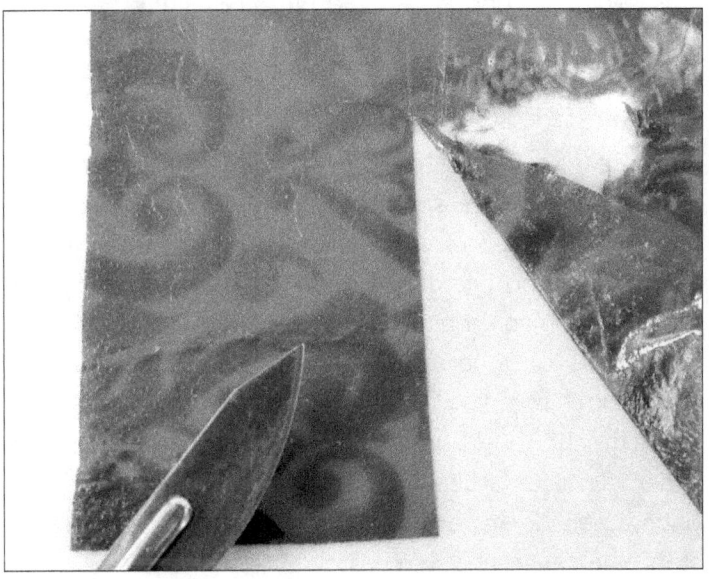

Nach einem festen Schnitt vom Cutter, kann man getrocknete Lagen spurlos abziehen.

## Dies und Das

Hier kommt das **Rezept für einen glänzenden Potch** mit wasserabweisenden Eigenschaften:
- Ein Teil in destilliertem Wasser angerührter Tapetenkleister.
- Zwei Teile weißer Bastelleim.
- Ein guter Schuss Acryl-Mattlack.

Eine sehr gute und porentiefe **Pinselreinigung** bekommt man über eine Behandlung mit Sandseife. Zur Not tut es auch etwas Vogelsand mit einem Spritzer Seife.

**Perfektes Porzellan** zum Aufbrennen muss nach dem Vortrocknen übrigens immer noch gründlich nachbehandelt werden! Wenn Faulpelzchen Porzellan mit Servietten beklatschen und das dann brennen, sieht es immer gleich gruselig aus. Man kann nämlich hinterher immer, um die aufgeklebten Motive herum, den ganzen eingebrannten Überstand vom Kleber bewundern. Klatschklatsch … „Sieht aber gar nicht schön aus!", urteilt der Profi da mal wieder mit Ekel in der Miene … Grüße von Hannelore und Lieselotte, beide ohne Lesebrille anwesend. Daher benutzt man als Streber stets einen abgerundeten Bastel-Cutter (~ Bastel-Skalpell) um die Klebe-Überstände mühsam wieder vom Porzellan runterzukratzen. Aber: Diese etwas geisttötende Arbeit lohnt sich wirklich sehr!

Vergesst nicht die **Gnade des Glitters**! Insbesondere holografischer, feiner Flitter setzt einen wahnsinnig edlen Akzent! Der weiße „Schnee-Glitter" mit dem Holografie-Effekt ist ziemlich unsichtbar. Leider verliert das Spektrum des Glitters ein wenig an Tiefe, wenn man ihn lackt. Es ist aber dennoch stets dringend erforderlich, es sei denn natürlich, ihr wollt eine Wohnung wie das Feenstaub-Update 1.2 ... Sehr edel kommt es, wenn man mit Glitter von hinten auf einer transparenten Oberfläche arbeitet. Man potcht dann zuerst die Arbeitsfläche mit trockenem Pinsel, trägt etwas dezent(!) den Feenstaub auf und bringt darauf dann schließlich die Serviette (mit der Nase nach unten) zum Kleben. Dann Hintergrund schließen, dann matt lacken.

Eher langweilige oder auch absichtlich einfach gehaltene Objekte, kann man mit mehreren Techniken aus der **Papier-Kunst** schwerst aufpeppen.

**Schablonen**
Man fertigt sich aus Bastelpappe oder 200-Gramm-Papier eine Schablobe an (z. B. einen Schmetterling). Dieser wird, schmetterlingstechnisch korrekt gefaltet und an der Schmalseite auf das Objekt aufgeklebt.
1. Die Schablone überklebt man jeweils vorne und hinten mit der Serviette, durch die das Werkstück verkleidet ist.
2. Man klebt einen fertigen Servietten-Schmetterling vorne und hinten auf die Pappe und schneidet diesen dann aus.
3. Man nimmt zum Bekleben der Schablone Dinge wie: Decopatch-Papier, Zeitung, Tapete, Glanzpapier, Foto, Telefonbuch, Landkarte, Telefonbuch, Stempeldruck, Noten, Stein-, Sand- oder Holzoptik, Eintrittskarte, Klebefolien, Stadtplan, Kaugum-

mipapier, Zeitschrift, chinesische Schriftzeichen, Einkaufsbon, Kalenderblatt, Tisch-Set, Geschenkpapier, Lottoschein, Stoff, Filz … Seid bitte kreativ!
4. Man kopiert, z. B. die benutzte Serviette, auf dickes Transparentpapier und schneidet daraus Die Schablone aus. Sie wird sich leider dann aber mit der Zeit an den Rändern einrollen, weswegen man sie entweder einseitig auf Transparentfolie (z. B. Window-Colour-Folie oder Stickerfolie) fixiert. Die aufgebrachten Seiten sollten dann in jedem Fall auch immer matt übergelackt werden.

**Quilling**
Es gibt sehr gute Bastelanleitungen/Booklets über das „Quilling". Quilling ist eine Technik, mit der bunte, dünne Papierstreifen mittels verschieden dicker Holzstäbchen aufgespult werden. Man lässt sie dann wieder teilweise aufspringen, knifft sie oder schneidet sie fransig. Mittels Quilling kann man ohne viel Aufwand effektvolle Einzel-Blumen als Joker (z. B. Maßliebchen) herstellen oder auch ganze Embleme im 3D-Effekt (z. B. Lavendel, Schlüsselblume, Weinrebe oder Muffin) aufbringen. Es gibt die Quilling-Streifen in verschiedenen Abmessungen im Künstlerbedarf zu kaufen.

**Perlen**
Eine weitere sehr edle Methode ist das Veredeln mit Strasssteinen oder Schmuckperlen (halbiert). Am feinsten kann man mit sogenannten „Perlen-Pens" arbeiten. Über diese Tuben mit der dünnen Tülle gibt man perlenartige, zart perlmutterfarben schimmernde Pünktchen ab, die plastikartig durchhärten und dann original wie Perlen aussehen. Diese

Perlen-Pens gibt es in verschiedenen Farbnuancen im Künstlerbedarf.

## Vergoldung

Ein extrem edle Variante ist das Vergolden gewisser Aspekte einer Serviette oder das Aufbringen goldener Highlights (wie z. B. Krönchen, Namenszüge, Schriftzeichen, Schnörkel). Das kann man mittels goldener Calligrafie-Eddings hinbekommen oder auch mit einem dünnen (Schrift-)Pinsel, flüssiger Goldbronze oder flüssigem Edelmetall. Sehr elegant wirkt das Vergolden gewisser Aspekte mittels der Auflage von Blattgold. Dieses gibt es im Künstlerbedarf als ‚echt' und ‚unecht', in den Farben: Gelbgold, Altgold, Kupfer, Silber.

## Oblaten

Mittlerweile gibt es sie auch wieder im Künstlerbedarf, die zumeist echt hässlich-süßlichen Oblaten unserer Kindertage ... sogar mit Silberflitter! Als Weihnachtsdeko oder auf selbst gemachten Karten einfach ein Highlight! Der Cocacola-Weihnachtsmann, grenzdebil (oder total besoffen) grinsend und wie immer ein Fall für die Weight Watchers! Dazu ein paar völlig beknackte Engelchen oder verfettete Putti mit Lorbeerkränzchen und alles ... Zum gezielten Veredeln oder auch zum Verhohnepipeln eignen sich Oblaten eigentlich immer. Am krassesten sind allerdings die Oblaten mit einem klerikalen Touch. Es ergibt einen unglaublichen Effekt, wenn der knallbunte Jesus unter seinem Kreuz, mit leidend himmelwärts gerichtetem Blick, über einen verlebten Blumentopf mit Brunnenkresse robbt ... Geschmackssache, schon klar!

## Eine Auswahl edler Projekte

- Decopatch-Fetzen als Untergrund, darauf Servietten-Aspekte, den Durschein-Effekt nutzend. Verziert mit Oblaten, Vergoldung, Quilling, Perlen ...

- Schmuck: Auf Modelliermasse oder Pappe werden Servietten aufgebracht. Insbesondere wenn man die beklebte Pappe erst lackt und dann mit Kunstharz übergossen hat, ergeben sich tolle Effekte, wie unter Glas.

- Man kann mittels Serviettentechnik eine edle Bordüre auf der Wand verewigen. Oder als Bild anlegen. Natürlich auch als Joker, zum Kaschieren von Macken und Kaffeeflecken oder ähnlichen Katastrophen. (Nicht, dass ich da irgendwelche Erfahrungen hätte!) Ist lückenlos überstreichbar und schlägt bei einigermaßen dezenter Farbwahl zumeist auch nicht durch.

- Kleinmöbel veredeln: Beistelltisch, Schränkchen, Bettgestell, Gartenstuhl, Regal, Wanduhr, Setzkasten, Bord, Bilderrahmen, Fensterrahmen, ...

- Vasen aus Oliven-, Gemüse-, Kaffeegläsern. Kleine Flaschen als Vasen für einzelne Blumen.

- Dosengarten, auch mit aufgerolltem Deckel z. B. für Seidenblumen. Entweder Silber oder Gold belassen (siehe: Durchschein-Effekt), dann sehen sie fast antik aus. Oder vorher geweißt.

- Konservendosen innen und außen gepotcht, als besondere Teelichthalter.

- Gemüsegläser als Lichterketten-Behälter.

- Blumentöpfe oder Übertöpfe.

- Leinwände. (Dann aber bitte *nicht* nach Art von Hannelore und Lieselotte ... Ich kontrolliere das!)

- Teelichtmäntel oder Lampenschirme. Von hinten auf Stickerfolie geklebt (nur für kleine Objekte, denn es wird schnell faltig!). Auf Window-Colour-Folie, dann von hinten aber nicht geweißt. Am besten nur mit einem Motiv und nicht rundum, das wirkt am besten.

- Weiße Plastik-Ostereier mit Hängebändchen. Styropor-Eier. Ausgepustete Hühner-, Straußen-, Enten-, Gänseeier.

- Als Fensterbordüre. Sehr edel mit Windows-Colour-Umrandungen (Schwarz, Silber, Glitter oder Gold).

- Rosenkugeln. Z. B. auch aus Styropor.

- Durchsichtige Deckel von Plastik-Schalen (Beeren, Kuchen, Sushi, ...). Von hinten gearbeitet für den Glas-Effekt. Verwendbar als Schale für Knabbereien oder als Wand- und Fensterbild.
  *Den charmantesten Effekt, den ich damit je gesehen habe, stellte eine Bekannte her: Sie klebte von hinten*

*eine klerikale Oblate mittig auf. Dann hinterlegte sie den Deckel, ebenfalls von hinten, mit Servietten von dunkelroten Rosen. In den Deckel, den sie an die Küchenwand klebte, setzte sie einen Schlumpf mit Pinsel und Palette, der das klerikale Gemälde gerade malte. Oben stand noch ein weiterer Schlumpf, der lustvoll in eine Posaune blies: Göttlich!!*

- Styroporkugeln als Deko: unten Decopatch-Papier, darauf Servietten-Embleme. Auch mit der weiter oben schon ausgeführten „Gemälde-Technik" aus Decopatch, Acrylfarbe, Metallic-Rahmen und Servietten-Motiv.

- Kränze aus Styropor. Verziert mit Quilling-Blumen und/oder Papp-Schmetterlingen.

- Einband für Bücher, Ordner, Hefte …

- Lesezeichen, z. B. aus Window-Colour-Folie (hinten dann zum Schutz gelackt).

- Gartenzwerge, Statuen, Büsten, Plastiken, Buddhas, …

- Schachteln und Dosen aller Art und Größe.

- Gläserne Windlichter: gekauft oder aus z. B. Konserven-Gläsern hergestellt.

- Tablettauflagen, Sets, Glasuntersetzer.

- Hässliche, weiße Klodeckel.

- Spiegel.

- Glatte weiße Türen.

- Katzenklo.

- Kacheln.

- Geschirr: Teller, Tabletts, Becher, Tassen, Untersetzer …

- Alte Teekannen (als Deko-Objekt z. B. mit Quilling und Papp-Schmetterlingen verziert).

# Glossar

### Anfänger
Jemand der gerade mit der Servietten-Technik beginnt, der mit eingeschränktem Werkzeug und noch begrenzter Technik arbeitet. *(Siehe auch: Lappenklatschen, Serviettenklatschen, Klatschen und Tanten-Technik).* Man kann in diesem Stadium lebenslang verbleiben, ohne sich mit dem Servietten-Virus anzustecken.

### Anlege-Technik
Eine spezielle Technik, um ein halbwegs professionelles Ergebnis abzuliefern, wenn die Serviette kleiner, als die zu verarbeitende Fläche ist. Oder auch wenn wegen schwieriger Verhältnisse in Bahnen gearbeitet werden muss.

### Castro-Effekt
Tendenziell fixe Idee, alles Mögliche in Servietten einzukleiden und zu umwickeln. Am liebsten die ganze Welt! Infiziert davon sieht man überall nur noch Dinge, die ganz dringend einer Verschönerung durch Servietten bedürften! Oft leidet der von Castro-Effekt Verfolgte sowieso schon schubweise unter der Servietten-Manie, welche zumeist Folge des Servietten-Krampfes ist. Auslöser ist der gefürchtete Servietten-Virus. Auch der unbedingte Krampf einen Becher und ähnliches, komplett in eine ganze Serviette einpacken zu müssen, gehört zum Castro-Effekt. Typischer Anfänger-Fehler.

### Cracelüre-Technik
Eine Technik, mittels Cracelüre-Lack eine künstliche Alterung herzustellen. Der Auftrag: Unterlack – Cracelürelack

– Oberlack. Dadurch wird eine an der Oberfläche in unregelmäßigen Rissen aufgebrochene Fläche erzeugt, durch welche die untere Farbschicht sichtbar wird. Darauf ein passendes Servietten-Emblem aufgebracht (durch das die Risse dann auch schimmern) wirkt extrem charmant.

### Decopatch-Papier
Dünnes, einseitig bedrucktes Papier, das in Fetzen gerissen und in unregelmäßiger Weise mittels Serviettenkleber aufgebracht wird. *(Bastelbedarf)*

### Decopotch
Mischung aus Wasser, Tapetenkleister, weißem Bastelleim, Acryl-Mattlack. *(Siehe auch: Servietten-Kleber, Servietten-Leim, Servietten-Potch, **Decopotch**).*

### Durchschein-Effekt
Effekt des Durchschimmerns durch die wegen des Lackens halbtransparent gewordenen Serviette. Lässt den Untergrund gewollt erkennbar werden. Diese Technik ist nur bei nicht anstrengenden Motiven als Hintergrund, sowohl als Vordergrund empfohlen. Keine Anfänger-Technik. Hoher Looser-Faktor. Passiert immer dann, wenn man meint „das sieht man dann später nicht mehr". Doch, das tut man garantiert!

### Eckengefetze
Das, was mit einer Serviette passiert, dessen bedruckte Zellstoffschicht sich nicht freiwillig ablösen lässt.

**Ein-Bild-Motiv**
Serviette (zumeist Foto-Serviette) die über alle vier Quadranten mit nur einem einzigen Bild bedruckt wurde.

**Einpack-Technik**
*(Siehe: Castro-Effekt)*. Fixe Idee ein Objekt zwingend in eine ganze Serviette einpacken zu müssen. Typischer Anfänger-Fehler. Zumeist Folge des Servietten-Krampfes. Hoher Looser-Faktor.

**Einzelmotiv-Gewinnung**
Scannen einer Serviette durch den Servietten-Muskel *(siehe: Musculus Mappus)* über ihre Eignung als ausschneidbare Einzel-Motive. Es gibt Servietten, die nur dazu geschaffen scheinen. Es sind jedoch in Wahrheit viel weniger, als man im Kaufrausch gemeinhin anzunehmen bereit ist …!

**Ewigkeitsfaktor**
Die Optik einer Serviette ist dergestalt, dass man sich nicht vorstellen kann, sie jemals sattzubekommen. Man hätte sie schon vor zehn Jahren gekauft. Sie dürfte so ziemlich jedes Objekt in unserem Umfeld zieren, sogar einen Becher.

**Faltenindex**
Wahrscheinlichkeit, mit der eine Serviette auf einem Objekt Falten ziehen wird. Anzahl der Falten pro Quadrat-Zentimeter. Gewünscht: < 1.

**Faulpelzchen**
Die Sorte Bastler, die sich nur ungern Arbeit macht und sich gerne vor aufwendigen Vor-, Reparatur- und Schnippelar-

beiten drückt. Die Qualität der von Faulpelzchen abgegebenen Arbeiten ist daher meistens nur sehr durchschnittlich. Man könnte auch sagen: schlampig. *(Siehe: Lappenklatschen, Serviettenklatschen, Fetzenklatschen, Klatschen, Größen-Maßstab-Check, Ausschneiden, Weißen und Tanten-Technik).*

### Fensterschieben
Unglückliches Zusammentreffen von zuviel Potch und zuviel Gepinsel: Eine klaffende Lücke entsteht, dessen Füllung entweder noch irgendwo rekonstruierbar, oder bereits ganz weg ist. *(Siehe: Wundenreißen).*

### Fetzenklatschen
Unselige Neigung auf ein Fenster *(Siehe: Wundenreißen)* oder einen Matschberg *(siehe: Matsch-Effekt)* einfach einen neuen Fetzen draufzuklatschen und so ein Anden-Massiv zu bilden. *(Siehe: Faulpelzchen).*

### Gemälde-Technik
Auf einen zart gestalteten Untergrund (z. B. helles Decopatch-Papier) wird ein „Passepartout" aus Acrylfarbe gepinselt (Quadrat, Kreis, Rechteck, Ellipse). Darauf wird eine einzelnes Servietten-Motiv aufgebracht (z. B. eine Rose). Darum herum kann man (mit metallicfarbener) Acrylfarbe noch einen Rahmen legen. Alles matt überlacken.

### Glas-Effekt
Effekt von Glas, der entsteht, wenn man von hinten auf durchscheinenden Materialien arbeitet.

**Fetzen-Technik**
Technik ein Fenster *(siehe: Fensterschieben und Wundenreißen)* mittels eines ausgerissenen Fetzens wieder gekonnt, ohne Überstand, zu füllen.

**Foto-Servietten-Denkfehler**
Annahme, dass man mit Foto-Servietten irgendetwas anderes machen könnte, als Servietten- oder Lappenklatschen.

**Größen-Maßstab-Check**
Scannen einer Serviette zu ihrer Eignung auf einem gewählten Werkstück. Zu groß: Erschlägt! Zu klein/zu weite Abstände: Wirkt verloren! Wird von Faulpelzchen gerne ignoriert. Anfängerfehler. Hoher Looser-Faktor.

**Größenordnung**
Scannen einer Serviette durch den Servietten-Muskel *(siehe: Musculus Mappus)* über seine generelle Eignung. Größenordnungen: Ein-Motiv-Bild, gespiegelt, halbiert, gekästelt, Einzel-Motiv-Gewinnung.

**Halbling**
Eine aus Vernunft- und Lagergründen halbierte Serviettenpackung. Merke: Halblinge können auch gedrittelt sein! Ja, Mathe: Teilgenommen … Und?!

**Hintergrund-Illusion**
Falsche Annahme, dass sich gewisse Servietten gut als Hintergrund eignen würden.

### Kardinalfehler

Größter anzunehmender Irrtum über die Anwendbarkeit oder Brauchbarkeit einer bestimmten Serviette. Wird durch den Servietten-Muskel *(siehe: Musculus Mappus)* gecoacht und gebändigt.

### Klatschen

Verächtliches Slangwort für das nicht gekonnte, eher grobmotorische Aufbringen von Servietten mittels Potch. Meistens als Synonym für das durch Faulheit getriggerte, großflächige und oft eher gefühllose Aufbringen von Servietten-Flächen, das einen hohen Looser-Faktor hat. *(Siehe: Faulpelzchen).*

### Lappenklatschen

Prozess, mit dem eine ganze Serviette oft ziemlich unmotiviert auf ein Werkstück draufgeklatscht wird. Ungeachtet des Größen-Maßstabes, der allgemeinen Eignung, unter Ignoranz von Ecken, Kanten, Verjüngungen, Anlege-Fallen und möglicher Muster-Verschiebungen. Falten und oft genug sogar Risse, Fenster, Wunden und Matschberge werden hier in Kauf genommen. „Sieht man später sowieso nicht mehr!" Typische Anfänger-Disziplin, Faulpelzchen-Technik und die Krone der Tanten-Technik. Solche Ergebnisse kann man nur verstecken, wenn mal Besuch kommt …

### Looser-Faktor

Berechnet sich aus dem Index der wahrscheinlichen Scheiter-Rate. Besteht im totalen Misslingen, partiellem Misslingen und einer Reihe von Katastrophen. Dazu gehören: Anlege-Fallen, Muster-Brüche, Falten, Risse, Fenster, Wunden und Matschberge ... Da dieses entweder durch fehlendes Talent und/oder Faulheit getriggert wird, bewegt sich der Looser-Faktor stets individuell. Einige Projekte haben den Looser-Faktor schon inkludiert, bei anderen wird er durch Schlamperei und Doofheit erst noch hinzugefügt. *(Siehe: Faulpelzchen)*.

**Matsch-Effekt**
Katastrophe, die passiert, wenn zuviel Potch auf einer Stelle gelandet ist und darin dann auch noch irgendwie drin herumgerührt wurde. Verlust der Konsistenz und des Musters, es bleibt ein schrecklicher Matschberg.


**Mosaizieren**
Elegante Technik der Profis mittels Servietten Mosaike zu bilden. Wird von Faulpelzchen gemieden.

**Musculus Mappus**
Servietten-Muskel, der durch permanente Anwendung trainiert wird. Sitz: Stammhirn/Krokodilhirn. Der Muskel verhindert Rausch-, Fehl- und Doppelkäufe. Er reguliert die Ausgaben und die heimischen Lagerbestände. Er baut sich auf, wenn jemand vom Servietten-Virus befallen wurde, unter dem Servietten-Krampf leidet und langsam aber sicher zum Servietten-Junkie mutiert. Eine Servietten-Manie (~ manischer Schub) kann in Teilen von ihm aufgefangen werden, selten jedoch ganz!

## Profi

Jemand der mit der Servietten-Technik infiziert wurde, am Servietten-Krampf leidet und der wahrscheinlich bereits seit Längerem schon bekennend süchtig nach bedruckten Zellstoffservietten ist. Oft leidet er schubweise unter der Servietten-Manie. Zumeist hat er den Ehrgeiz, die ganze Welt, oder zumindest vieles, was er davon sehen kann, in eine Serviette einzuwickeln *(siehe: Castro-Effekt)*. Der Profi arbeitet mit breiter Werkzeug-Palette und bedient sich verschiedener Techniken. Wahrscheinlich ist er ein Hamster, möglicherweise auch ansatzweise kriminell in Bezug auf Zellstoff.

## Quilling

Eine Technik, mit der dünne, bunte Papierstreifen (~ Quilling-Streifen, aus dem Bastelbedarf) um verschieden dicke Hölzchen gewickelt werden. Die so aufgespulten Spiralen lässt man teilweise wieder aufspringen, knifft sie oder auch schneidet sie Ränder fransig. So werden Blumen und auch jede Menge größerer 3D-Embleme erzeugt. Dient der raffinierten Aufpeppung.

## Restaurations-Technik

Raffinierte Technik, um einen Matschberg oder ein irreparables Fenster zu kaschieren. Es wird ein passender Fetzen aus einer neuen Serviette passgenau herausgerissen und ohne Überstand eingebracht.

## Servietten-Junkie

*(Siehe auch: Servietten-Zombie)*. Jemand der ohne Skrupel und moralische Bedenken eine Servietten-Sucht und einen Serviet-

ten-Krampf kultiviert. Er erkennt keinerlei Krankheitswert an, auch dann nicht, wenn er mit Comic-Erdmännchen, irgendwelchen Wichteln und gen-manipulierten Motten auf Zellstoff nach Hause kommt. Der Geruch von Potch bringt ihn auf Touren, und erst, wenn seine Finger komplett kleben, ist er in seinem Element. Er neigt zu Eigentumsdelikten, wenn er irgendwo offen eine „brauchbare" Serviette herumliegen sieht und würde sich lieber den Mund mit der Krawatte abwischen, als diese ihrer Bestimmung zuzuführen. Seine Droge lautet: „Die kann man immer mal brauchen!" Therapie: nicht bekannt. Auslöser: wahrscheinlich der gefürchtete Servietten-Virus. Reden: zwecklos. Gruppentherapie: Macht alles nur noch schlimmer.

**Servietten-Klatschen**
Prozess mit dem eine ganze Serviette oft plan und ziemlich amateurhaft einfach mal auf ein beliebiges Werkstück draufgeklatscht wird. Selten mittig, nie gerade. Am liebsten werden dazu quadratische Keilrahmen vergewaltigt. Falten, abgefetzte Ecken, Risse, Fenster, Wunden und Matschberge werden hier als unabdinglich und nicht störend, sogar billigend in Kauf genommen. Typische Anfänger-Disziplin der Tanten-Technik. Kann man nur bei Neumond irgendwo heimlich vergraben ...

**Servietten-Krampf**
Ein Zustand, den ein Mensch befällt, der eine (individuelle) Anzahl erfolgreicher Servietten-Technik-Artefakte unter sich gelassen hat. Er wird schnell süchtig nach diesem Gefühl und kann schon bald nicht mehr genug davon bekommen. Auslöser ist der gefürchtete Servietten-Virus. Wenn der vom Krampf Befallene einmal angefangen hat zu potchen,

kann er nicht mehr damit aufhören, und das Geschehen neigt dann zur dramatischen Verselbstständigung. Sitzungen über zwölf Stunden sind hier keine Seltenheit. Auch der Castro-Effekt schlägt jetzt oft zu und macht eine Menge wahlloser Projekte auf …

**Servietten-Manie**
Tendenziell fixe Idee, alles Mögliche in Servietten einzukleiden und damit aufzuhübschen. Man sieht überall nur noch Dinge, die ganz dringend einer Verschönerung durch Servietten bedürften. Oft leidet der Erkrankte darüber hinaus am Castro-Effekt und schubweise auch unter dem Servietten-Krampf. Auslöser ist der gefürchtete Servietten-Virus. Sonderbare Einkäufe, die dann binnen sechs Monaten nicht mal angebrochen in der „Tupfer- und Wischer-Schublade" landen, sind in diesem Zustand die traurige Regel. Therapeutische Unterstützung ist dringend angeraten, gestaltet sich aber wahrscheinlich nicht sehr hilfreich. Gespräche unter Betroffenen verschlimmern den Zustand nur noch weiter.

**Servietten-Muskel**
*(Siehe: Musculus Mappus)* ist ein Muskel, der durch permanente Anwendung trainiert wird. Sitz: Stammhirn/Krokodilhirn. Dieser Muskel verhindert Rausch-, Fehl- und Doppelkäufe. Er reguliert die Ausgaben und die heimischen Lagerbestände. Er baut sich auf, wenn jemand vom Servietten-Virus befallen wurde und langsam aber sicher mittels des Servietten-Krampfes zum Servietten-Junkie *(siehe: Servietten-Zombie)* mutiert. Eine Servietten-Manie (~ manischer Schub) kann in Teilen vom trainierten Servietten-Muskel

aufgefangen werden, selten jedoch ganz! Es kann in so einem Schub leider immer wieder zum Kauf von Erdmännchen, Vogelhäuschen, Foto-Servietten mit Café-Gläsern, Weihnachtsmännern und verschiedenen „süßen" Wichteln im Gefolge mit Fliegenpilzen kommen!

### Servietten-Streams
Modeströmungen innerhalb einer Servietten-Dekade. <u>Saison-Streams</u>: Jahreszeiten und Feste. <u>Mode-Streams</u>: Ein bis zwei mehr oder weniger bescheuerte Ideen, die innerhalb eines knappen Jahres bis hin zum optischen Exitus von allen namhaften Herstellern ausgelutscht werden.

### Servietten-Sucht
Auslöser ist der tückische Servietten-Virus, der aus einem unbescholten vor sich hin bastelnden Menschen einen rasenden Servietten-Zombie *(siehe auch: Servietten-Junkie, Servietten-Krampf)* macht. Die bekannten Stadien sind: Servietten-Virus-Infektion, Servietten-Manie, Servietten-Krampf und der Castro-Effekt. Heilung und Therapie sind nicht bekannt. Überlebende eines möglichen Kalt-Entzuges sind bisher nicht namhaft geworden. Impfungen: nicht erforscht. Die arme Sau!

### Servietten-Technik
Bastel-Technik in der Teile der obersten Lage von Zellstoff-Servietten mittels eines Spezialklebers *(siehe: Potch)* auf verschiedene Objekte aufgebracht werden. Ziel ist es, eine Verschönerung zu erreichen. Dies gelingt leider nicht jedem und auch nicht immer.

**Servietten-Techniker**

Mensch, der sich „Profi" in der Servietten-Technik nennt. Zumeist ist er vom Servietten-Virus befallen und leidet unter dem Servietten-Krampf. Sicherlich hat er auch eine schubweise auftretende Servietten-Manie. Höchstwahrscheinlich ist er sogar ein bekennender Servietten-Junkie *(siehe: Servietten-Zombie)* und verfügt über einen sehr gut durchtrainierten Servietten-Muskel *(siehe: Muskulus Mappus)*. Außerdem hat er einen veritablen Lagerbestand an vermutlich irgendwann dann mal brauchbaren Servietten. So Gott will.

**Servietten-Virus**

Auslöser der Servietten-Sucht mit allen schrecklichen Folgen: Servietten-Manie, Servietten-Krampf und dem gruseligen Castro-Effekt. Der überaus tückische Virus haftet Servietten-Paketen an und überträgt sich unerkannt transkutan bei Kontakt mit Potch. Inkubationszeit: nicht bekannt. Impfung: nicht vorhanden. Mensch-zu-Mensch-Ansteckung: wahrscheinlich nicht möglich. Einzige Heilung: lebenslange Karenz und Psychotherapie. Erstes Anzeichen einer ausgebrochenen Servietten-Sucht: glasiger Blick beim Vorfinden bedruckter Servietten. Dann: Rauschkäufe von schwer diskussionsträchtigen Artefakten. Schließlich: Anschaffung eines kleines Klappspatens zur formlosen Beerdigung eventuell misslungener Objekte.

**Servietten-Zombie**

Abwertendes Slangwort für einen Servietten-Junkie im Schub.

**Spiegel-Technik**
Arbeitsschritt der Anlege-Technik. Dazu wird die Serviette ausnahmsweise mal „mit der Nase nach unten" aufgelegt um eine Spiegel-Linie zu erzeugen.

**Tanten-Technik**
Abwertendes Slangwort für eine Servietten-Technik im Rahmen des Servietten- oder Lappenklatschens *(siehe: Hannelore und Lieselotte)*. Man sagt in bestimmten Kreisen auch: „Da hast Du aber leider etwas gelieselottet!" oder „Schade, dass da wieder gehannelort wurde!" So unterhalten sich Profis miteinander!

**Tupfer & Wischer**
Menschen, die nicht in der Lage sind, das unendliche künstlerische Potenzial zu erkennen, das in einer Zellstoff-Serviette wohnen kann. Benutzen Servietten einzig und allein um zu tupfen, zu wischen und sogar auch mal zu schneuzen. Schocking!

**Trockener Pinsel**
Fachausdruck aus der Maler-Sprache: Pinsel, der stark abgestrichen wurde und nur noch ein Minimum an Potch geladen hat. (Gegenteil: nasser Pinsel). Ach.

**Vergoldung**
Verbesserungs-Technik mittels goldenem Calligrafie-Edding, Flüssig-Bronze, flüssigem Edelmetall oder Blattgold-Auflage (in echt oder unecht).

**Verschlimmbesser-Krampf**
Irrige Vorstellung, dass ein völlig verkorkstes Werkstück durch Hinzufügung von noch mehr überflüssigen Emblemen ansatzweise gerettet werden könnte. Wir sagen dazu nur: „Gut, dass wir einen Klappspaten haben …!"

**Weißen**
Vorbereitung eines Untergrundes zur Neutralisation. Soll verhindern, dass der Untergrund durch die aufgelackte Serviette durchschlägt. Soll verhindern, dass der Transparent-Effekt im Umgebungs-Rauschen verschluckt wird. Soll Looser-Effekte minimieren.

**Würstchenschieben**
Tragisches Ende eines Pinselstriches zuviel. Ein Fenster klafft *(siehe: Fensterschieben und Wundenreißen)* und am Rand des Fensters schieben sich kleine, nasse Servietten-Würstchen. Ein Anblick zum Weinen. Kann evtl. wieder rückgängig gemacht werden, endet aber oft genug wegen Ungeschicklichkeit, Ungeduld und auch schlichter Doofheit doch nur wieder im Matsch-Effekt. Einmal Valium für alle! Und wir singen wieder mal das kleine Lied vom Klappspaten …

**Zerfetzungs-Index**
Grad, in der eine Serviette vermutlich immer wieder zerreißen wird *(siehe: Fensterschieben, Wundenreißen, Würstchenschieben und Matsch-Effekt)*. Je unruhiger der Untergrund, je dünner die Zellstofflage, umso höher der Zerfetzungs-Index. Da hätte man nun aber auch schon mal selber drauf kommen können!

## Weitere Bücher von dieser Autorin:

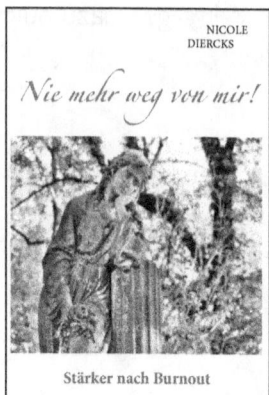

**Nie mehr weg von mir!**
**Stärker nach Burnout**

ISBN 978-3-8482-3864-4
PB, 360 Seiten
24,- Euro

Auch als E-Book erhältlich:
ISBN 978-3-7322-0928-6
18,99 Euro

Ich will nie mehr weg von mir!
Der Grund ist, weil ein Burnout nicht nur ein massiver Einschnitt ins Leben ist, sondern nach und nach auch einen heilsamen Prozess beinhaltet. Plötzlich kommen wir wieder in Kontakt mit uns selber und diese Kraftquelle wollen wir für immer behalten! Das Buch beschäftigt sich mit Ansätzen, wie wir uns in einer Welt voller Anforderungen nie mehr selber verlieren und langfristig glücklich werden können.

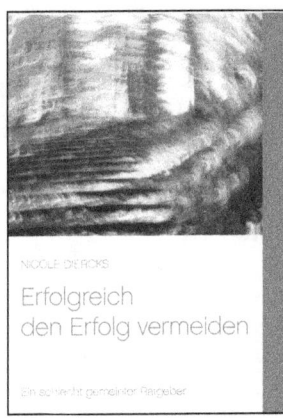

**Erfolgreich den Erfolg vermeiden**
**Ein schlecht gemeinter Ratgeber**

ISBN 978-3-7322-2669-6
PB, 196 Seiten
16,- Euro

Auch als E-Book erhältlich:
ISBN 978-3-7357-7174-2
9,99 Euro

Es sieht so aus, als würden viele wie hypnotisiert „dem Erfolg" nachlaufen. Kritisch beleuchtet zeigt sich aber: Erfolg macht viel Arbeit, erzeugt Stress, schafft Probleme, Erfolg kann sogar den Charakter versauen – kurz: Erfolg nervt! Diese anektotischen „Anti-Memoiren" beleuchten die Gefahren des Erfolges und geben lebendige Ratschläge zu dessen nachhaltiger Vermeidung. Das ungewöhnliche Regelwerk richtet sich besonders an Frauen, denn es werden viele „typisch weibliche" Mechanismen und Denkfallen intensiv auf die Schippe genommen. Das Buch ist ein temporeicher Mix aus Erfahrung, Psychologie und Comedy. Es soll sicherstellen, dass wir uns in krisensicheres Phlegma einkuscheln können, ohne jemals ein schlechtes Gewissen bekommen zu müssen.

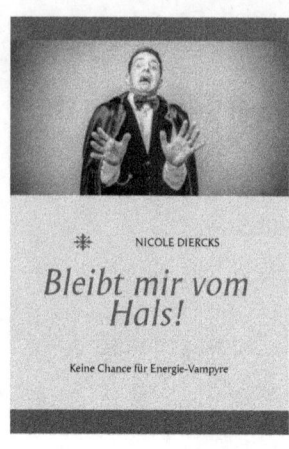

**Bleibt mir vom Hals!
Keine Chance für
Energie-Vampyre**

ISBN 978-3-7357-3410-5
PB, 224 Seiten
17,- Euro

Auch als E-Book erhältlich:
978-3-7357-7383-8
12,99 Euro

Ist Ihnen auch schon aufgefallen, dass Ihnen manchmal plötzlich „der Stecker rausfliegt" und Sie keine Energie mehr zur Verfügung haben? Das kann im Umgang mit anderen oder erst im Nachgang erkennbar werden. Möglicherweise befanden Sie sich im Bannkreis eines Energie-Vampyrs ...!
Das Buch bietet lebensnahe Informationen und leicht anwendbare Werkzeuge für alle, die etwas gegen unerlaubte energetische Ausplünderung unternehmen möchten. Wir untersuchen die Fragen:
Wie entstehen Energie-Vampyre? Welche Typen gibt es? Wie arbeiten die verschiedenen Typen? Wie kann ich Energie-Raub erkennen? Was kann ich dagegen tun?
Eine Reihe „echter Vampyr-Geschichten" amüsiert und bietet Raum, die gewonnenen Erkenntnisse sofort theoretisch anzuwenden.

Aber auch ganz ohne fremde Einwirkung verlieren wir oft massiv Energie! Wir wenden also den Blick nach innen, um zu ermitteln, was dann genau passiert, wie es sich auf uns auswirkt und was wir dagegen tun können. Hier begegnen wir: inneren Widerständen, Blockaden, Selbstsabotage und Aufschieberitis ...

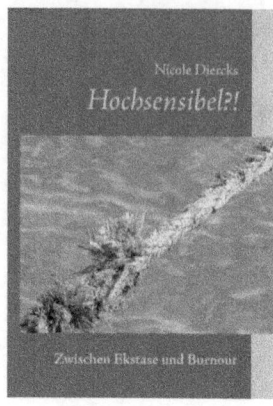

**Hochsensibel?!**
**Zwischen Ekstase und Burnout**

ISBN 978-3-7357-0934-9
PB, 248 Seiten
18,- Euro

Auch als E-Book erhältlich:
978-3-7357-6978-7
13,99 Euro

Ist Hochsensibilität Fluch oder Segen? Ganz klar: Ja! Und es ist vor allem eines: sehr anstrengend … Ständig wechselnde Gefühlslandschaften müssen immer wieder auf-, ab-, und eingefangen werden. Hin-, und hergeworfen zwischen Impulsen und Eindrücken, durchschreitet man die ganze Palette der Gefühle, oft genug sogar unfreiwillig!
Menschen mit Hochsensibiltät führen schon notgedrungen ein etwas anderes Leben, weil sie sich immer wieder neu stabilisieren und kalibrieren müssen. Der ungeheure Erlebnisreichtum muss gehandhabt und auch gecoacht werden, damit er den Inhaber nicht verschlingt.
Die Autorin ist den Ursachen dieses vielfältigen Syndroms intensiv auf den Grund gegangen. Sie bietet hier sowohl soziologische, wie psychologische, als auch medizinische Fakten zur Hochsensibiltät an, die auf ungewöhnliche Weise verknüpft sind. Dieses Wissen soll Betroffenen helfen, mehr vom Segen und viel weniger vom Fluch zu erleben.